Para Marisol,

Con el deseo que este libro te inspire y motive a tomar la desiccion de hacer la segunda mitad de tu vida, ¡la mejor! para vivirla con plenitud y gozo

con cariño,

M Ceana

Miami, Julio 2019

VIVE
LA BUENA
VIDA

DESPUÉS DE LOS 50

YLEANA KETCHUM

DEDICATO RIA

A las mujeres de mi familia: mi mamá, mis hermanas, cuñadas, amigas y sobrinas, de quienes he aprendido tanto.

A los hombres de mi vida: mi esposo y mis tres hijos Roy, Paul y Nicolás, por su apoyo incondicional, y sobre todo porque siempre me han dejado "ser".

A todas las mujeres que se atreven a soñar con disfrutar con plenitud y gozo la vida después de los 50.

IN DI CE

7

SECRETOS PARA SENTIRTE RADIANTE,
LLENA DE ENTUSIASMO Y VITALIDAD

—

PRO
LO
GO

"CREO QUE SOMOS LA PRIMERA GENERACIÓN QUE ESTÁ CONSCIENTE DE SU LONGEVIDAD "

Nuestros padres ni en su más remoto sueño pensaron que iban a vivir tantos años, menos aún, que iban a pasar sus últimos años enfermos. Los seres humanos hemos alcanzado la longevidad. Hoy en día, podemos llegar fácilmente a vivir 90 años si nos encontramos en un medio relativamente saludable, con acceso a recursos como agua, medicina, comida y tecnología. Mi papá vivió 87 años y nació cuando aún no había antibióticos; mi mamá vive y tiene 88, pero sus padres murieron cuando apenas estaban entrando en sus 70. Imagínate cuánto iremos a vivir nosotros, que disponemos de tantos recursos desde que nacimos. Yo creo que es muy probable que vivamos casi hasta los 100 años o más; sin embargo, la idea no es vivir más, sino vivir mejor.

Si tomamos en cuenta lo anterior, podemos decir que, cuando cumplimos 50, estamos casi en la mitad de la vida. A los 50 tenemos la mitad de la vida por delante; los 50 son los nuevos 40; a lo mejor, los nuevos 30. Lo mejor es que podemos hacer de esta segunda mitad: lo que nos dé la gana. Tenemos el tiempo para hacer aquello que realmente nos gusta, aquello que soñamos, pero que nunca tuvimos tiempo de hacer. O, al revés, podemos conectarnos con nosotros, con nuestros talentos y pasiones, y encontrar nuevos propósitos para esta etapa de la vida.

Si miras hacia atrás, estoy segura de que, al recordar todo lo que has vivido, pensarás que ha sido mucho tiempo, ¡y lo es! Tenemos frente a nosotros unos 30 buenos años en los que podemos reinventarnos, aprender cosas nuevas o dedicarnos a ese hobby para el cual nunca hubo espacio ni tiempo suficiente.

Las personas de mi generación fuimos preparadas para la primera mitad de nuestras vidas, no para la segunda. Nacimos, crecimos, aprendimos a socializar, caminar y un sinfín de habilidades, fuimos al colegio, hicimos algún deporte o actividad extracurricular, nos graduamos de bachillerato, muchas fueron a la universidad, consiguieron un trabajo, algunas lograron ascender, otras decidieron casarse, tener hijos, criarlos, y luego ellos crecieron y se fueron.

De pronto, a los 50, te encuentras que has terminado la mayoría de tus tareas, y tienes un tiempo que no esperabas. Abrázalo porque, por fin, ¡tienes el tiempo! Sí, tienes casi el mismo tiempo que ya has vivido, y está frente a ti, ¡tienes la mitad de la vida por delante! Pero con una diferencia: la calidad de vida que tengas de aquí en adelante va a depender exclusivamente de ti, de cómo cuides tu cuerpo, cultives tu mente y nutras tu alma.

Deja de culpar al mundo, a las circunstancias, a la edad y a los demás de lo que no puedes, y toma consciencia de lo que sí puedes. Descubre que tú decides, que solo tú tienes el poder sobre tu vida y que puedes tener la vida que deseas. Esa es la razón por la cual escribí este libro, porque quiero que vivas la buena vida después de los 50. Eso sí, necesito que te grabes esto como si tu vida dependiera de ello (porque en realidad es así).

ÁMATE

Ámate incondicionalmente, reconoce tus
talentos y compártelos con el mundo.

NUTRE

Nutre cuida y mima tu cuerpo, que
es tu templo y vehículo.

EXPLORA

Explora y conéctate con tu espiritualidad, con lo que te gusta y apasiona.

Tú tienes el poder de tener la vida que deseas. Solo debes salir de tu zona
de confort, asumir riesgos y tomar decisiones.

MI
HIS
TORIA

—

Los cincuenta me cayeron desprevenida, no porque no esperaba cumplir-
los, sino porque, como regalo, me pusieron la vida de cabeza. Me sentía
feliz de llegar a los 50, ¡la mitad de la vida! Tenía salud, trabajo, un amoroso
esposo y 3 hijos ya crecidos (dos de ellos, en la universidad) que amaba y
por los cuales estaba sumamente agradecida.

En ese entonces, producía y llevaba un programa de radio sobre salud y
bienestar que disfrutaba muchísimo, y vivía en una hermosa casa llena de
gente, muy cerca de mis padres, hermanos, sobrinos y amigos, con quienes
compartía casi a diario. Además, disfrutaba de cierta estabilidad económica
y le devolvía a la comunidad un poquito de todo lo que me había dado,
haciendo trabajo de voluntariado. Vivía feliz en mi país, Venezuela.

Sin embargo, a los pocos meses, mi vida cambió por completo. De repente,
en un segundo, me enteré de que el universo tenía otros planes para mí.
Recuerdo el momento exacto cuando mi esposo me llamó por teléfono
para decirme que el gobierno opresor presidido por Hugo Chávez Frías lo
estaba solicitando.

Aunque él era solo un hombre de negocios, en mi país, cuando no comulgas con el régimen chavista, puedes terminar en la cárcel sin saber cuándo vas a recuperar tu libertad. Así que, sin perder ni un segundo, y sin tener un momento de duda, me fui hacia donde él estaba y me escondí a su lado durante 8 días, aun cuando me pidió que no lo hiciera.

Algo dentro de mí me decía que ese era mi lugar, que mi misión era apoyarlo en esos momentos tan difíciles, que dos piensan más que uno. En esos 8 días dormimos en 8 camas diferentes, incomunicados de nuestras familias y rezando para que todo se resolviera. Un día, al amanecer, dejamos la costa venezolana en bote y llegamos a Miami, vía Bonaire y Curazao, donde finalmente pudimos sentirnos seguros.

No vacilé en acompañarlo; no tenía que estar allí, pero no tuve un ápice de duda, fue una cosa increíble, fue... como un mandato de Dios. Sentí que tenía que estar con él y acompañarlo. Así lo hice y no me arrepiento.Dejé todo atrás: a mis hijos, mi familia, mi casa, mi trabajo, mis amigos, el país que me vio nacer, mi cotidianidad, las personas que yo conocía.

Cuando uno se va, uno deja atrás todo un mundo ocupado por miles de personas, desde el señor que te atiende en la panadería, hasta el portero del edificio de casa de tu mamá o la señora que te remienda la ropa. Son todas las personas, pequeñas y grandes, que forman tu vida, y que dejas para siempre.

Fue muy, muy difícil. Durante mucho tiempo me sentí abrumada, anhelaba a mi familia, las cosas que hacíamos, mis rutinas; sentía nostalgia por mi país. Sin embargo, pensar en mis hijos y en mi esposo me llenaba de fuerza y me dediqué con todo mi ser a tratar de que mi familia sufriera lo menos posible por este cambio, sobre todo apoyando a los más afectados: mi esposo y mi hijo más pequeño.

A mi esposo le quitaron la empresa que había fundado hacía 25 años, su proyecto de vida, el que soñaba dejar a sus 3 hijos, y por el cual había luchado tanto, a pesar de todos los obstáculos. También estaba mi hijo pequeño, que para ese entonces tenía quince años, una edad muy compleja en cualquier parte del mundo, y más cuando te ves obligado a emigrar.

Temía que cayera en malos hábitos, amistades negativas y vicios, por lo que convertimos su pasión, el fútbol, en nuestro estilo de vida. Literalmente, nuestras actividades giraban en torno a él.

En medio de esta situación, mi familia se convirtió en mi propósito de vida las 24 horas del día, los 7 días de la semana. No había espacio para nada más. Fueron momentos difíciles, meses muy fuertes, que me desgastaron física y emocionalmente. Me sentía cansada, extremadamente sensible (cualquier cosa me hacía llorar), y con los ánimos por el piso. No sabía si era por todos los cambios que estaba viviendo o porque estaba entrando en la menopausia. Sí, para colmo, aparte de todo lo que estaba pasando, mi cuerpo estaba atravesando un montón de cambios hormonales que aumentaban mi inseguridad y malestar.

Compartí mi preocupación con algunas personas, incluyendo médicos, quienes me aseguraron que los cambios eran "inevitables", que eran propios de la edad, debido a que estaba comenzando la menopausia. Yo me rehusé a aceptar esta explicación, conseguí un ginecólogo que me sugirió la terapia de reemplazo hormonal bioidéntico y acepté hacerme el tratamiento. Me sentí mucho mejor, y supe que era posible recuperar mi salud, mi energía, mi mente clara y mi felicidad.

Comencé a investigar cómo podía sentirme mejor aún, y descubrí que el estilo de vida afecta más que cualquier cosa —incluidos los genes— nuestro bienestar. Aprendí mucho sobre nutrición, pero quería más. Durante esas horas que pasé pegada a la computadora me llamó la atención un diploma-do que ofrecía una certificación como coach de salud. Siempre me había llamado la atención ser life coach o coach ontológico, pero esta especialidad era totalmente nueva para mí.

En esa búsqueda, terminé certificándome como coach de salud en el recon-ocido Institute for Integrative Nutrition de Nueva York, con el deseo de ayudar a miles de mujeres que creen que es normal que perdamos nuestro bienestar después de los 50. Felizmente, además de recuperar tanto mi bienestar como mi optimismo natural, gané algo más, un nuevo propósito de vida. Quedé convencida de que toda mujer, a cualquier edad, inclusive después de los cincuenta, puede mejorar su calidad de vida, siempre y cuando cuide su cuerpo y se conecte con su espiritualidad.

De allí nació este libro Vive la buena vida, 7 secretos para sentirte radiante, llena de entusiasmo y vitalidad, diseñado para ayudar a las mujeres en esa segunda etapa de sus vidas a tener salud sin sacrificar «la buena vida» es decir, ese estilo que consiste en mantener una vida activa con propósito, compartir con gente querida, participar en tu comunidad, saborear un buen vino con una exquisita cena, probar nuevas experiencias y tener toda la energía del mundo para gozarlo todo.

Mi deseo es motivar a las mujeres a tomar control de su salud para que tengan un cuerpo sano y fuerte, una mente activa y la energía para convertir sus sueños en realidad. A lo largo de este libro, encontrarás una serie de preguntas y ejercicios que te ayudarán a conectarte con tu esencia y a conseguir tu propósito en esta nueva etapa.

INTRODUCCIÓN

"VIVE LA BUENA VIDA"

Ahora que lo veo bajo otra perspectiva, pienso que, en la mayoría de los casos, los 50 vienen con una sorpresita debajo del brazo que muchos no esperamos. Es cierto que mi experiencia no es la típica, pero ejemplifica el hecho de que, además de los mil cambios que suceden en nuestros cuerpos, suceden otros más a nuestro alrededor que impactan, quizás con mayor fuerza, en nuestra mente y espíritu.

Puede ser el hecho de que los hijos dejen el hogar, que llegaste o no a donde querías llegar profesionalmente, que te divorciaste. Lo cierto es que los 50 hacen que reflexiones sobre tu vida, sobre lo que quieres y lo que no, y estableces una profunda conexión con tu alma.

Me gusta la analogía que hace uno de mis hermanos, quien dice que la vida es como un partido de fútbol "soccer". Durante la primera mitad del juego, cada jugador corre detrás de la pelota, no importa si de verdad tiene oportunidad de hacer gol, no analiza, tiene tanta energía que corre y corre en todas direcciones con la esperanza de anotar; algunas veces lo hace, otras veces no, pero la mayoría de los jugadores corren y corren desesperadamente; y, muchas veces, al final del primer tiempo, están exhaustos.

Después viene el intermedio, cuando el jugador se toma un tiempo para descansar y recuperarse, para analizar lo que ha hecho en el primer tiempo, lo que ha hecho bien y lo que no, para trazar un nuevo plan para conseguir lo que quiere. Así también pasa con el jugador que todos llevamos dentro. Mucha gente llama a este periodo middle age crisis o "crisis de la edad madura". A mí, particularmente, no me gusta el término. No todos sufren una crisis, por lo que prefiero obviar la palabra.

De lo que sí estoy segura es que la llegada de los cincuenta viene con momentos de reflexiones y de cambios, porque empiezas, si no lo has hecho antes, a preguntarte y cuestionarte muchas cosas, a evaluar otras y a diseñar nuevas estrategias. Y es así como vemos matrimonios rotos después de más de 20 años de casados, mujeres que deciden tener otra vida, hombres que les da por practicar un hobby o un deporte intensamente, buscando la juventud que sienten que pierden, a veces a través de alguien mucho más joven.

Muchos de esos cambios son producto del nexo que tenemos con nuestra esencia, de una inconformidad o necesidad que no habíamos podido expresar porque no teníamos el tiempo para hacerlo y porque nuestras prioridades estaban afuera, no adentro. Llega el segundo tiempo y lo jugamos con entusiasmo. Esta vez, el jugador decide usar su experiencia y análisis, y no corre tras cualquier pelota, solo va tras aquellas que va a disfrutar, o donde tiene una posibilidad real de hacer un gol.

Así es la vida: en la primera parte corremos en mil direcciones, confiando en que con suerte meteremos el gol, vivimos y experimentamos de todo. Puede ser que terminemos con el juego a nuestro favor, pero también es muy posible que terminemos esa primera parte muy cansados. Luego llegan los 50, cuando nos tomamos un break para reflexionar, y empezamos a conectarnos con nuestras almas y a preguntarnos qué es realmente lo que queremos hacer.

De ese modo, comenzamos la segunda parte de nuestras vidas con la claridad de saber lo que queremos, y aprovechamos las oportunidades que tenemos para hacer lo que realmente nos gusta.

Sin embargo, hay muchas personas que no logran conectarse con su alma o que prefieren o insisten en mantener el mismo ritmo de la primera mitad del partido. Entonces, empiezan los conflictos y las enfermedades que los alejan de vivir la buena vida, pierden la oportunidad de que la segunda mitad de su vida sea aún mejor que la primera.

Pero, ¿qué es la buena vida? La buena vida significa ser auténticos con lo que somos, estar conectados con nuestra esencia, tener una buena relación con nosotros mismos y con los demás. Es tener un cuerpo sano y fuerte, con energía, para tener sueños y proyectos, y una mente lúcida para llevarlos a cabo. No son noches de parranda, ni noches de rumba.

La buena vida es tener salud mental, física y emocional, para poder disfrutar cada momento que tenemos aquí, en este planeta llamado Tierra. Yo quiero vivir y que tú, que me lees, vivas la buena vida después de los 50 sin dar importancia a esa vieja creencia, idea o estereotipo de que a partir de los 50 comienza la declinación del ser humano.

Es posible vivir la buena vida después de los 50, si nos preparamos para ello. Así como un automóvil, cuando tiene sus años, empieza a pedir cuidados, reparaciones y repuestos, nuestro cuerpo, que es un organismo muy resiliente y que durante más de 50 años ha soportado de manera silenciosa nuestro poco cuidado, comienza a reclamar. Lo peor es que, muchas veces, ¡cuidamos más del automóvil!

Siempre le ponemos la gasolina indicada, jamás se nos ocurre ni por un momento colocarle una gasolina de menor calidad, porque sabemos que es muy posible que el auto se dañe; pero resulta que a nuestro cuerpo sí lo llenamos de lo que sea, no nos importa y no nos informamos sobre la calidad y nutrientes de los alimentos que ingerimos. Cuidamos más al automóvil que a nuestro cuerpo, que es el templo de nuestra alma, el instrumento que nos permite interactuar y movilizarnos.

Uno de los primeros pasos para alcanzar nuestro bienestar es aprender a escuchar a nuestro cuerpo, descifrar qué es lo que nos está queriendo decir y darle los cuidados que necesita. Si no cuidamos a nuestra futura yo, estas pequeñas molestias pueden desembocar, a los 60 o 70 años, en enfermedades de inmunodeficiencia. Ese es el gran cambio que tenemos que hacer después de los 50.

Es común pensar que la acidez estomacal, el dolor en las articulaciones o la sensación de hinchazón son algo normal para las personas mayores, cuando en realidad son síntomas de algo más. Puede ser, por ejemplo, un llamado de alerta que hace el sistema gastrointestinal, un reclamo para que pongas atención, para que te preguntes: "¿Qué es lo que estoy comiendo?", "¿Qué es lo que estoy haciendo que me hace sentir mal?". Entender los mensajes de nuestro organismo nos llevará a tener más energía, la cual nos permitirá ejercitarnos con más entusiasmo, nutrir nuestro espíritu con nuevas experiencias, y cultivar nuestra mente con nuevos conocimientos.

Después de los 50, la conexión interna con nosotros mismos y con el ser superior es vital. Gozar de mayor bienestar nos permite relacionarnos con nuestra espiritualidad más fácilmente. Son muchos los desafíos que se nos presentan a esta edad, como alargar la movilidad de nuestro cuerpo lo más posible, sentirnos con energía para continuar con una vida activa, mantener la claridad mental y cultivar nuestras relaciones familiares y sociales. El problema es que nos vamos volviendo cómodos dentro de nuestros sillones y hasta nos da flojera ver gente.

¡PRE
GÚN
TATE!

🌿 ¿Qué cambios sentiste en tu cuerpo y en tu mente después de los 50?

🌿 ¿Qué es eso que te gustaría hacer, pero piensas que ya no puedes?

🌿 En una escala del 1 al 10, ¿cuán satisfecho estás en cada área en tu vida?

_____ Salud

_____ Familia

_____ Relaciones

_____ Espiritualidad

_____ Amor

_____ Ejercicios

_____ Carrera

_____ Diversión y ocio

_____ Alimentación

_____ Crecimiento personal

_____ Dinero

🌿 Escoge 3 áreas en las que quisieras tener un cambio en tu vida.

🌿 Haz una lista de las cosas que quieres hacer antes de los 80.

🌿 ¿Qué es para ti el éxito después de los 50?

CAPÍTULO

" QUIÉRETE, ES EL PRINCIPIO DE TODO "

NUESTRO MIEDO MÁS PROFUNDO NO ES QUE SEAMOS INADE-CUADOS. NUESTRO MIEDO MÁS PROFUNDO ES QUE SEAMOS PODEROSOS MÁS ALLÁ DE TODA MEDIDA. ES NUESTRA LUZ, NO NUESTRA OSCURIDAD LA QUE NOS ASUSTA. NOS PREGUN-TAMOS ¿QUIÉN SOY YO PARA SER BRILLANTE, FANTÁSTICA, INTELIGENTE, FABULOSA? EN REALIDAD, ¿QUIÉN ERES TÚ PARA NO SERLO? ERES HIJO DE DIOS. TUS PAPELES INSIGNIFI-CANTES NO LE SIRVEN AL MUNDO PARA NADA. REDUCIRSE PARA QUE LOS DEMÁS NO SE SIENTAN INSEGUROS ANTE TI, NO ES NINGÚN SIGNO DE INTELIGENCIA. TODOS ESTAMOS DESTINADOS A BRILLAR, COMO BRILLAN LOS NIÑOS.

NACEMOS PARA MANIFESTAR LA GLORIA DE DIOS QUE SE ENCUENTRA EN NUESTRO INTERIOR. Y NO SOMOS SOLO ALGUNOS, SOMOS TODOS. Y CUANDO PERMITIMOS QUE NUESTRA LUZ BRILLE, LE PERMITIMOS LA GLORIA A LOS DEMÁS. ES CUANTO NOS LIBERAMOS DE NUESTRO MIEDO, QUE NUESTRA PRESENCIA LIBERA AUTOMÁTICAMENTE A LOS DEMÁS.

— Marianne Williamson, Volver al amor

Todos nacemos con un inmenso amor hacia nosotros mismos; es parte del instinto de supervivencia. Los bebés se maravillan con sus manos y sus pies, celebran constantemente su cuerpo, comunican sus necesidades y esperan, de la manera más natural del mundo, que las satisfagamos. De pequeños no nos importaba lo que los demás pensaban sobre nosotros porque nos sentíamos a gusto con lo que éramos.

De niña, mi papá me llamaba "varilla de puyar loco" porque era alta y delgada; nunca me pasó por la cabeza que podía ser un insulto; pensé que era un apodo de cariño, porque así lo sentía, y así fue. Sin embargo, quizás si me lo hubiese dicho cuando tenía 14 años, no me habría gustado, porque ya a esa edad casi todos sufrimos de falta de amor hacia nosotros, la baja de autoestima. Creo que ese desamor comienza en la adolescencia.

Recuerdo que, estando en la ciudad de Miami, tuve mi primer periodo justo días antes de cumplir los 12 años. Nos encontrábamos en un parque de diversiones, cuando me sorprendió la menstruación. Como era de esperar, me sentí un poco nerviosa, pero al mismo tiempo estaba tranquila porque había tenido muy buena información por parte de mi mamá. Ella, al saberlo, resolvió inmediatamente.

Sin embargo, me llené de pena y vergüenza, me quería esconder de mi papá; creo que me negaba a dejar de ser la "niña de sus ojos". Fue él quien rompió el hielo, cuando se apareció en el hotel donde nos hospedábamos, anunciando a toda voz que tenía un regalo para celebrar que tenía una "señorita" en casa. Ese pequeño detalle me llenó de confianza, me hizo sentir cómoda con mi cuerpo, y saber que mi papá lo celebraba me hizo celebrar, a mí también, mi feminidad.

Sin embargo, a partir de allí, me fui llenando de inseguridades, empecé a poner la mirada hacia afuera y no hacia adentro; me comparaba con las demás chicas de la escuela y, por supuesto, siempre van a existir niñas más bellas, con mejor cuerpo, más simpáticas, más divertidas y más inteligentes que una. Mi caso no fue la excepción. Es en la etapa de la adolescencia cuando la mayoría de las mujeres comenzamos a torturarnos en todos los sentidos, vamos perdiendo confianza en nosotras mismas, nos vamos comparando con las demás, y en vez de convertirnos en nuestras mejores amigas, acabamos siendo nuestros jueces más implacables y crueles, exigiéndonos lo que no se nos ocurre pedirles a los demás.

Por mucho tiempo, me mantuve mirando hacia afuera, y pasé gran parte de mi vida, maltratándome con pensamientos llenos de juicios negativos, diciendo: "Yleana, ¡Ay, si tuvieras las piernas más largas! Yleana, este pelo no sirve para nada. Yleana, si pudieras tener la nariz más perfilada. Yleana, si fueras más divertida, chistosa... No puedo imaginar cómo es la presión ahora con la presencia perenne de las redes sociales". Si antes nos comparábamos simplemente con los compañeros del colegio, del vecindario o con las chicas que aparecían en la televisión o en las revistas, imagina ahora con esta posibilidad de enterarse de la vida de todo el mundo, en todo momento. Debe ser súper difícil crecer y ser adolescente en estos tiempos.

En lugar de ver mis fortalezas (en esa época, no las reconocía), puse mi atención en todo lo que no tenía. A pesar de que siempre tuve bastante confianza en mí misma y a pesar de que siempre creí en mí, sentía que no era suficiente, y de esa forma empecé a sabotearme porque pensaba que no tenía lo que se necesitaba para lograr lo que quería. Pasa también que empezamos a abusar de nuestros cuerpos, esto sucede mucho: mujeres que hacen dietas extremas con ejercicios intensos y, al final, terminan con lesiones tanto internas como externas.

Esos comportamientos, además, causan estragos en nuestra mente, en nuestro espíritu, en nuestro cuerpo y, por supuesto, en nuestras relaciones y en nuestras carreras. Es tan difícil para nosotras aceptarnos tal cual como somos, con todas nuestras virtudes y con todos nuestros defectos o debilidades, reconocer que somos perfectas así tal cual, que vinimos al mundo con algo que aprender y algo que aportar.

SOMOS LA MANIFESTACIÓN SAGRADA, DIVINA Y CREADORA DE LA ENERGÍA FEMENINA AQUÍ EN LA TIERRA. SOMOS PER- FECTAMENTE IMPERFECTAS.

Entenderlo no es fácil, aunque pudiera serlo, requiere de coraje, tiempo y compasión; pero son nuestra mente y nuestros pensamientos quienes no nos permiten aceptar esa realidad. La verdad es que venimos a este mundo con una esencia única con la cual podemos vivir y ofrecer experi- encias diferentes. Eso es justo lo que nos hace especiales y es lo que trata- mos de esconder, porque cuando somos jóvenes no queremos ser únicas, queremos ser parte del rebaño; si no lo somos, socialmente, estamos en problemas.

Es posible que antes de los 50 muchas de nosotras hayamos estado viviendo hacia afuera, tratando de satisfacer lo que se supone que se espera de nosotras. Durante esos primeros 50 años de vida hemos estado haciendo lo que nos dijeron que debíamos hacer, porque el concepto antiguo de "ser mujer" nos indicaba vivir con la atención puesta en los demás. De hecho, para ser calificada como una buena mujer, había que ser una buena esposa, una buena hija y una madre abnegada, dadivosa y servicial. Así fuimos criadas, con el condicionamiento de que teníamos que anteponer a nuestras necesidades las necesidades de la familia, del esposo y hasta de la comunidad.

Sin embargo, las que nacimos después de la década de los 60 hemos tenido la suerte de vivir en una época en la que el concepto de ser mujer ha evolucionado y nos invita a volver la mirada hacia nosotras. Vivir en esta diatriba nos ha creado un conflicto, una confusión entre ambos conceptos, una división entre lo que creemos que debemos hacer y lo que realmente queremos. Estos sentimientos encontrados nos llenan de culpa e inseguridades, y logran que terminemos poniéndonos, como siempre, últimas en la lista.

Entiendo que no es fácil. Como mujeres, madres y protectoras, tenemos la idea de que solo cuando las necesidades de todos los que nos rodean están cubiertas es cuando nos podemos "dar el lujo" de pensar en nosotras. A veces, cuando por fin llega nuestro turno, estamos demasiado cansadas. Recuerda que solo damos lo que tenemos y, cuando estamos agotadas y vacías, no tenemos nada que dar.

Si nos sentimos frustradas y amargadas, eso es lo que inevitablemente van a recibir las otras personas. Un buen ejemplo de ello es la escena típica de cuando estamos en un avión listos para despegar y la aeromoza nos explica cómo usar las máscaras de oxígeno. Ella siempre hace hincapié en que debemos colocarnos primero las mascarillas antes de colocárselas a otros, incluso cuando hay niños pequeños.

La aeromoza siempre insiste en que nunca debemos colocarle la mascarilla al niño antes que a nosotras. La razón se debe a que, en lugar de ayudar, es muy probable que se asfixien tanto la madre como el niño, y así mismo pasa con muchas vidas. A veces, en una relación, a pesar del amor, una de las dos personas puede llegar a sentirse asfixiada y con falta de aire.

Ese es el resultado de dar demasiado sin que te lo hayan pedido, que terminen no valorándote y que te subestimen porque tú misma lo estás haciendo. Mi mamá siempre me dijo que, para hacer feliz a las personas que quieres, tienes que ser feliz tú primero; siempre aclarando, por supuesto, que nadie "hace feliz" a nadie, sino que cuando estás alineado con tu verdadero "yo", permites y das permiso a las otras personas de hacer lo mismo.

¡QUIÉRETE MUJER!

♥

"

LA ÚNICA
PERSONA
QUE ESTÁS
DESTINADA A SER
ES LA PERSONA
QUE DECIDES SER **"**

— RALPH WALDO EMERSON

Después de muchos años he llegado a la conclusión de que tal vez nuestra lección de vida más grande es aprender a aceptarnos y a amarnos a nosotros mismos sin condición alguna. Sé que a muchas esto último les puede sonar egoísta y hasta narcisista, pero la verdad es que la solución para contactar a tu verdadero yo, a tu esencia, es rescatar la conexión con tu alma. Para ello, tienes que aceptarte tal cual eres, cuidarte y mimarte, y amarte sin limitaciones, porque es la base para una vida plena.

Amarse sin condición es aceptarse uno mismo como es, con sus defectos y virtudes, sin juicios; es tener respeto y compasión por nosotros, es cuidar de nuestro cuerpo, mente y espíritu, es seguir adelante con lo que somos, es creer en nosotros mismos y permitirnos escuchar lo que dice nuestra voz, y lo que pide nuestra alma. Para amarnos de esta forma, tenemos que conocernos. Porque uno no ama lo que no conoce.

Piensa en alguien que admiras, puede ser tu artista o equipo favorito, aquel que te gusta, de quien realmente te consideras fan. Piensa en todos los detalles que conoces de él o ella. ¿Tú crees que lo apreciarías tanto como lo haces si no supieras todos esos detalles de su vida o de su trayectoria? El amor casi siempre comienza con un deslumbramiento, pero es el conocimiento y el compartir lo que le da sustentabilidad al amor. ¿Cuántas veces no apreciamos una obra de arte porque no conocemos nada sobre el pintor? Mientras más conocemos, amamos o rechazamos más. Solo amamos lo que conocemos.

CUANDO AMAMOS, NOS CONECTAMOS; SIN CONEXIÓN NO HAY AMOR. En este mundo de tanta prisa, es común desconectarnos de nuestra esencia y diluirnos entre tantas tareas y personas a quienes amamos y servimos. Lo hacemos sin darnos cuenta, por amor hacia los demás. En ese camino vamos desapareciendo poco a poco, y llegamos a un punto en el que no sabemos quiénes somos ni lo que queremos.

Esto sucede muy a menudo cuando somos madres y colocamos como prioridad siempre a los que más amamos: a nuestros hijos y a nuestra familia. Los cuidamos en todo momento, sin tomar en cuenta nuestras verdaderas necesidades. El problema no es la familia; somos nosotras las que decidimos colocarnos en el último lugar de las prioridades.

Las prioridades deben ir cambiando según las necesidades. Cuando mis tres hijos eran pequeños, yo les decía que nuestra familia era como un equipo de básquet, pero que, en lugar de tener como objetivo "encestar la mayor cantidad de balones posibles", nuestro objetivo era —y es— la felicidad de cada uno de sus integrantes y que, para conseguirla, debíamos participar todos. Les decía que, muchas veces, uno de los compañeros se podía lesionar, y era entonces cuando los demás teníamos que dar lo mejor de nosotros no solo para apoyar al lesionado, sino para que el equipo siguiera ganando y siendo feliz. Así es un poco la familia: cada momento tiene sus prioridades.

El problema surge cuando nos olvidamos de nosotras y nunca somos la prioridad, ni para nosotras ni mucho menos para los demás. Nos desconectamos totalmente de nuestro verdadero ser. Lo podemos ver en cosas tan pequeñas como cuando, en una cena cualquiera en un restaurante, el mesonero viene a pedir y no sabemos qué contestar; entonces decimos: "Lo que tú quieras, mi amor, lo que los muchachos decidan". A veces, ni siquiera nos preocupamos por ver el menú y ver lo que queremos, solo decimos "Lo que ustedes quieran".

Hace muchos años, mientras estaba disfrutando de un viaje familiar, teníamos que definir qué excursión tomar, pero no podíamos ponernos de acuerdo. Los muchachos decían una cosa, nosotras decíamos otra y los maridos, otra. Cada uno quería un sitio diferente, aunque estábamos dispuestos a ceder a lo que dijera la mayoría, ya que queríamos ir todos juntos. Recuerdo que le pregunté a una de mis cuñadas a dónde quería ir, a lo cual me respondió: "Ay, la verdad es que no sé. Estoy tan acostumbrada a dejar que ellos elijan, que la verdad ya me da igual. No sé, lo que ellos quieran...".

Eso me impactó, porque me lo dijo de corazón; ella no sabía para dónde quería ir. Eso pasa cuando tú dejas de pensar en lo que quieres, por siempre pensar en lo que quieren los demás. Por un tiempo, puede que funcione, como cuando algún miembro del equipo está lesionado; pero cuando todo el tiempo es así, quien se lesiona es aquella persona que siempre está trabajando por los demás.

¿AMOR PROPIO O EGOÍSMO?

"

EL EGOÍSMO PROCEDE DE LA ESCASEZ DE AMOR PROPIO, NO DE SU EXCESO"

— ANITA MOORJANI,
MORIR PARA NACER

La mayoría de las mujeres latinas confunden el amor propio con el egoísmo. Creemos que pensar en nuestras necesidades, cuidarnos, dedicarnos tiempo solo para nosotras y ser la prioridad en nuestras vidas es un acto frivolo y esgoísta. Por generaciones, hemos manejado los conceptos de amor propio y de egoísmo casi como si fueran sinónimos.

De hecho, la Real Academia Española los define de la siguiente forma:

⌀Amor propio: amor que alguien se profesa a sí mismo, y especialmente a su prestigio.

⌀Egoísmo: inmoderado y excesivo amor a sí mismo, que hace atender desmedidamente al propio interés, sin cuidarse del de los demás.

En ambos conceptos, la RAE nos sugiere que tanto el amor propio como el egoísmo tienen que ver con nuestro ego y prestigio, y es quizás este manejo erróneo del concepto la razón por la cual consideramos el amor hacia nosotros como un acto de egoísmo. Además, ¿quién decide lo que es inmoderado o excesivo? ¿Dónde termina el amor propio y comienza el egoísmo?

El amor personal es consideración, respeto, estima y compasión hacia nosotros mismos, es lo que hace que esperemos ser tratados de la misma manera por los demás. EL AMOR PROPIO HA SIDO SUBESTIMADO POR MUCHO TIEMPO Y ES LA ÚNICA FORMA DE AMAR CON PLENITUD A OTRO. PORQUE SOLO AMÁNDONOS A NOSOTROS MISMOS DE UNA MANERA INCONDICIONAL PODEMOS DAR LO MEJOR DE NUESTRO SER A LAS PERSONAS QUE AMAMOS.

Esos conceptos antiguos de egoísmo y amor propio, en los que se expone que debemos amar a los otros antes que a nosotros mismos, han sido inculcados en la mente de muchas generaciones de mujeres y son los grandes culpables de que pensemos que la prioridad siempre está afuera de nosotras y no adentro.

Solo a medida que nos cuidamos y amamos podemos verdaderamente darles lo mejor a los demás. Eso no significa que siempre tengamos que ser nosotras lo más importante; esto dependerá de las circunstancias. Sin embargo, somos nosotras las encargadas de evaluar con amor propio y compasión cada una de ellas.

YA

TIENES

50

LO QUE UNA PERSONA PIENSA DE SÍ MISMA ES
LO QUE DETERMINA SU FUTURO.
— HENRY DAVID THOREAU

"Ya tengo 50, estoy en el ocaso de la vida". "Ya me estoy poniendo vieja, los protagonistas de la vida son otros, los jóvenes". "Ya no me puedo dejar el pelo largo, y menos usar minifalda". Estos son algunos de las expresiones estereotipadas que caracterizan a muchas personas de más de 50.

Yo pienso que los 50 son una década de conexión con la consciencia divina de cada uno de nosotros; son un tiempo de reflexión, de unión con nuestro propósito de vida. A los 50 tenemos todavía la vitalidad de la juventud, la energía para tener sueños y proyectos, la sabiduría que dan los años de experiencia, muchas relaciones afectivas consolidadas, la mente lúcida, y tenemos el tiempo, sí, casi la mitad de la vida por delante. A los 50, ¡somos prósperos y abundantes!

Es importante comenzar por redefinir los conceptos de "edad" y "enveje-cimiento" en tu mente. La actitud es esencial para ello: si estás diciendo todo el tiempo que estás vieja, pues lo estás decretando. Estás repitiendo un patrón que se hace hábito hasta convertirlo en una creencia para ti, por lo que tu cuerpo escucha tu orden y la ejecuta. Es posible que sientas que estás perdiendo vitalidad porque notas a tu cuerpo diferente, porque te falta estamina o porque tienes algún dolor. Prueba tener una actitud diferente y comienza a tratar de entender qué te quiere decir tu cuerpo, y a hacer los cambios que él te está pidiendo. Te asombrarás de lo fácil que puede ser recobrar la energía y el entusiasmo que has perdido.

El doctor Marc Agronin, en su libro The end of the old age ("El final de la edad vieja"), habla de que nosotros necesitamos un nuevo lenguaje para poder describir la situación que estamos viviendo. No somos viejos, pero tampoco somos jóvenes: somos adultos. Las personas que tienen hoy más de 50 años son diferentes a lo que fueron las personas de la misma edad de generaciones anteriores. Nuestras abuelas no tienen que ver nada con las abuelas de hoy en día. Recuerdo a mis dos abuelas como unas viejitas aisla-das del mundo.

Sin embargo, mi abuela paterna murió alrededor de los 70 años y mi abuela materna a los 74 años, creo. Murieron relativamente jóvenes, pero ya no eran parte de la sociedad, casi no salían de sus casas. Ellas recibían visitas de los familiares y de alguna que otra amiga, e iban a misa. Ellas no se preocu-paban por hacer compras ni diligencias; alguien más las hacía por ellas.

Hoy en día, una mujer de 70 años es una mujer súper activa, con miles de cosas que hacer y con una vitalidad increíble.

Y la verdad es que no tiene mucha diferencia con sus hijas que están ya en los cuarenta. Estamos experimentando una nueva forma de vivir, el mundo está cambiando. A los 50 puedes ser y sentirte más bella que cuando tenías 30 o 25, porque, aunque recuerdas con cierta nostalgia tu juventud, disfrutas lo que eres hoy, ahora más tú, más auténtica.

Aunque, si no comenzamos a cuidarnos ahora, toda esa abundancia puede desaparecer. En esta etapa es fundamental vigilar lo que comemos, hacer ejercicios y fortalecer nuestras relaciones con nuestra espiritualidad, con nosotras mismas y con nuestros seres queridos. El amor propio es el primer paso para tener un cuerpo saludable: no maltratarnos con comida basura y calorías vacías, esas que te hacen subir de peso, te quitan energía y afectan tu estado de ánimo.

La gran diferencia de esta década con las anteriores es la necesidad de ser conscientes de que el cuerpo que tenemos es nuestro vehículo para poder transitar en este plano y que, si no lo cuidamos, no vamos a poder realizar nuestro propósito de vida. Para vivir una vida plena después de los 50, hay que erradicar ese concepto de que es normal padecer de malestares.

Este tiempo de nuestra vida puede ser una etapa de abundancia con proyectos increíbles llenos de pasión, como le ocurrió a la famosa autora y editora Louise Hay, cuando a los 60 años fundó su compañía editorial Hay House. Hasta esa edad, se había mantenido como escritora, pero fue después de los 50 que tuvo una visión diferente, más amplia y trascendente, cuya meta fue apoyar y proyectar a otros escritores alineados con su filosofía. Hoy en día, Hay House es un imperio editorial.

Louise Hay se reinventó, encontró un nuevo propósito de vida. En la primera etapa de su vida, se había dedicado a difundir su mensaje; en la segunda, tomó el rol de empresaria para ser el canal a través del cual cientos o miles de personas podían expresarse y lograr un cambio en el mundo. Fue un movimiento audaz que requirió valentía de su parte, pero que benefició a millones de personas.

Es en este momento de nuestras vidas cuando hay oportunidades. Tienes la experiencia, la pasión y el tiempo. Ahora es cuando el mundo necesita eso que tú tienes, eso que te apasiona, que va más allá del dinero; pero, volvemos a lo mismo, para poder hacerlo hay que amarnos sin condición y solo así sabremos cuidarnos.

MENTE
POS

ITIVA

TUS CREENCIAS Y PENSAMIENTOS ESTÁN CONECTA-
DOS A TU BIOLOGÍA. ESTOS SE CONVIERTEN EN TUS
CÉLULAS, TEJIDOS Y ÓRGANOS. NO HAY VITAMINAS,
NI DIETA, TAMPOCO MEDICINA Y NI EJERCICIO QUE
SE COMPARE CON EL PODER DE TUS CREENCIAS Y
PENSAMIENTOS.

— Dr. Christiane Northrup, Las diosas nunca envejecen

Es sumamente importante tener pensamientos positivos, sobre todo cuando tenemos unos 70.000 pensamientos por día. Imaginemos cómo nos podemos llegar a sentir si todo el tiempo bombardeamos nuestra mente con pensamientos negativos, esos que se instauran y no nos dejan en paz, que nos afirman cosas terribles e infundadas, que no tienen ninguna base y que afectan nuestro estado de ánimo: "No voy a poder", "No soy suficiente", "Todo me sale mal", "Me veo horrible"... Todas en algún momento las hemos pensado o dicho en voz alta, pero depende de nosotras que se apoderen o no de nuestra mente.

Si dejamos que bailen a sus anchas por nuestro cerebro, seguramente acabarán con nuestro bienestar. Además, estos pensamientos nos crean un estado de inseguridad que puede tener nefastas consecuencias en nuestras vida.El caso es que la manera en la que pensamos influye directamente sobre nuestras actitudes, nuestro comportamiento y también sobre nuestra salud. Así que, si pensamos de forma negativa, vibraremos en una frecuencia mas baja, nos comportaremos de una forma más sombría, estaremos más irritables, de peor humor y tendremos más riesgos de padecer enfermedades.

La autora Elvira Muliterno, en su libro Mujer empoderada, comenta lo importante que es tener pensamientos positivos. Afirma que los pensamientos positivos pueden mejorar el estado de ánimo, elevar el espíritu y generar más felicidad en tu vida. Esto no significa que pensar de manera optimista sea la panacea para todo y que nos resuelva todos los problemas, pero ayudará a evitar los pensamientos negativos que crean una energía destructiva en nosotros.

Los pensamientos negativos pueden ser autodestructivos, afectando demasiado cómo vives tu vida y cómo te perciben los demás. A veces, por estar de pesimistas o negativas, dejamos pasar oportunidades maravillosas, como conocer a seres humanos increíbles, probar diferentes experiencias y aceptar nuevos retos. La felicidad y tener pensamientos positivos son una decisión de vida. Los hechos siempre son los mismos, pero cada quien los ve con su cristal personal, y eso es lo que los hace diferentes.

Cambiar el cristal de cómo vemos las cosas requiere un poco de práctica; pero, con el tiempo, los resultados pueden agregar vida, alegría y bienestar a tu vida.

TIPS

Intenta cultivar una mentalidad positiva con los siguientes **10 tips:**

1. Deja a un lado el diálogo negativo interno.

Cuando esa vocecita que está en tu cabeza comienza a llenarte de dudas, a criticarte, a decirte que no puedes, que no eres suficiente, dile ¡QUÉ SE VAYA PA'L CARAJO!, que no la quieres escuchar y exclama: ¡Ya! Y sigue con un comentario positivo que condicione una actitud positiva.

2. Suelta las creencias limitantes

Elimina esa creencia de que después de los 50 nos vamos cuesta abajo, táchala de tu vida, porque no te sirve, no te aporta nada. Puedes reemplazarla por la siguiente: "Después de los 50, la calidad de vida que tenga va a depender de mis decisiones. La segunda mitad de mi vida depende de mí, y puede ser aún mejor que la primera". Utiliza el poder de cambio de las afirmaciones y dile a tu mente lo que quieres creer.

3. Deja de compararte

Compararte con otros no es más que descartar aquello que tienes a tu favor en ese momento; en cambio, usar a otra persona como punto de referencia puede ser mucho más saludable.De este modo, podremos distinguir entre la comparación que nos minimiza y la admiración que nos ayuda a crecer. Recuerda apuntar siempre hacia la admiración.

En algunas ocasiones es bueno tener una dieta de redes sociales, porque a veces, de forma inevitable, terminamos comparándonos con otros, sin pensar que cada uno tiene una vida distinta, circunstancias diferentes y que cada quien vive lo que tiene que vivir. Si estás comparándote con algo o alguien, te sugiero que cambies tu actitud o elimines por un tiempo esa cuenta que te genera ansiedad.

4. Sal de tu zona de confort y deja la resistencia al cambio

Si quieres obtener resultados diferentes, haz algo diferente; haz pequeños cambios. No hay necesidad de crear caos en nombre del cambio.

5. Elimina la necesidad de tener siempre la razón

Cuando van pasando los años y nos vamos llenando de experiencia, es posible que sintamos que nuestra postura es la correcta y nos cerremos a otras. Podemos sentir que tenemos la razón y la autoridad para darle validez única a nuestra opinión, a pesar de que haya otras diferentes. El problema es cuando pretendemos tener siempre la última palabra.

Después de los 50, como dice mi esposo, es preferible ser feliz que tener la razón. No te preocupes si los demás comparten contigo tu opinión; somos ya demasiado grandes para necesitar ser aprobadas por los demás. Nosotras sabemos lo que pensamos y eso es lo importante. No podemos convencer a todos de que piensen lo mismo que nosotras, así que no nos desgastemos haciendo que los demás piensen igual.

6. Haz espacio para dar las gracias

Cada vez que damos gracias nos damos cuenta de lo mucho que tenemos, y es imposible tener una sensación de tristeza, de malestar o de desesperanza cuando damos las gracias. Incluso cuando crees que no lo tienes todo, céntrate en lo que tienes hoy en día, lleva un diario de gratitud y anota cada día 3 cosas por las que estés agradecida.

Mi rutina de agradecimiento la tengo en la noche. Cuando me acuesto, repaso un poco mi día, buscando 3 cosas que hicieron que mi día fuera más fácil y feliz, y agradezco por cada una de ellas, puede ser la persona que me ayudó a bajar las bolsas del carro, o simplemente la persona que tuvo una sonrisa amigable conmigo, o mi esposo que me ayudó a hacer la cena. Ese hábito no solo me hace sentir más feliz, sino que también hace que duerma mejor.

7. Haz ejercicio

La actividad física te llena de energía y endorfinas, que son las hormonas de la felicidad. Camina con energía y propósito, haz un esfuerzo consciente incluso cuando te sientas mal y desanimada, ponte de pie y sonríe.

La postura afecta tu estado de ánimo: ¡haz que tu postura trabaje a tu favor!

8. Rodéate de personas que te animen y con ideas afines

Las personas que están vibrando en la misma frecuencia positiva que tú te mantendrán con los pies en la tierra, inspirada y conectada a tu más grande propósito de vida. Ellos te ayudarán a creer en ti misma también.

Dicen que uno es la suma de las 5 personas con las que más tiempo comparte; un buen ejercicio, entonces, es mirar a tu alrededor y ver cómo son esas personas. Rodéate de personas que sumen a tu vida, que busquen lo mismo que tú: ellas son las que te van a ayudar a construir tu mejor versión.

9. Medita

Toma el tiempo para reflexionar, meditar o simplemente deshacerte de todos los pensamientos y emociones. Crea quietud en un espacio tranquilo y vuelve tu mente y tu cuerpo a un estado neutral. La meditación tiene muchas formas, meditar es estar aquí y en el ahora, presente y consciente de tu cuerpo y de tu espacio; tú puedes estar haciendo ejercicio y estar meditando, puedes estar bailando, simplemente disfrutando de una tarde de sol o de una tarde lluviosa. Tómate un tiempo para hacerlo.

10. Sé útil para alguien

Por último, y muy importante: haz cosas buenas por alguien más, enfoca tu energía en levantarle el ánimo a otro y nota cómo tu espíritu y el de la otra persona se elevan también. La gente positiva atrae a gente con la misma vibración y, como resultado de ello, las personas positivas tienen más éxito en sus vidas personales y profesionales.

7

RUTINAS QUE TE —HARÁN SENTIR— COMO UNA DIOSA

Cuenta una antigua leyenda hindú que hubo un tiempo en el que todos los hombres y mujeres que vivían sobre la tierra eran dioses, pero abusaron tanto de su divinidad que Brahma, el dios supremo, decidió privarlos del aliento divino que había en su interior y esconderlo en donde jamás pudieran encontrarlo.

El gran problema fue encontrar el lugar apropiado. Estudió muchas opciones, pero ninguna lo convenció, hasta que se le ocurrió esconderlo donde jamás los seres humanos buscarían, dentro de ellos mismos.
Y así lo hizo, oculto en el interior de cada hombre y mujer hay algo divino...

Pienso que Brahma fue más condescendiente con nosotras, y nos dejó esa chispa divina que es la intuición, que no es más que nuestro auténtico ser superior, el cual, si le ponemos atención, nos reconecta con la diosa que vive en nuestro interior, esa expresión sagrada y creadora que es la energía femenina aquí en la Tierra.

Hoy quiero compartir con ustedes los 7 rituales que me hacen sentir como una diosa, los cuales son muy fáciles de practicar, y estoy segura que van a despertar a la diosa que hay en ti, que se ama a sí misma sin condiciones, porque para dejar que nuestra verdadera esencia salga a flote, lo primero que debemos hacer es reconocernos, aceptarnos y amarnos tal cual somos.

1. Crea un ritual de amor incondicional
Apaga el televisor y aléjate de las redes sociales durante 15 minutos para poder estar centrada y enfocada mientras te consientes a ti misma.

Mi manera favorita de hacer esto es hidratar mi piel con intención. Mientras masajeo mis pies, les agradezco porque me llevan a todas partes; a mis manos les envío amor por todas las cosas que me permiten hacer, por el dinero que he recibido y que he dado, a mis brazos y torso por todos los abrazos que me han permitido dar a través de mi vida.

Haciendo eso, dejo de tomar a mi cuerpo y a mi vida por sentados, y me doy cuenta de lo bendecida que soy mientras me doy una ducha de gratitud.

2. Practica una afirmación diaria
Otro de mis rituales es practicar afirmaciones positivas de amor incondicional. Generalmente, trato de mantener una conversación positiva conmigo misma y con las vocecitas que todas tenemos dentro de nuestras cabezas, porque sé que nuestras emociones crean nuestros pensamientos y nuestras acciones. Pero cuando el volumen interno del juicio y la autocrítica suben, entonces les respondo con mi mantra favorito: "Soy un ser divino, próspero y abundante, el amor, la intuición y la sabiduría fluyen en mí. Soy amada y me amo incondicionalmente", y de esa forma le digo al "saboteador" que todas tenemos dentro que quiero ser libre de él.

También me gusta mirarme al espejo y enviar ondas de amor a esa persona hermosa que veo delante de mí, que soy yo; unas veces me veo directamente a los ojos, me encuentro, y me digo lo orgullosa que estoy de mí, otras me miro de cuerpo entero, me envío a mí misma mensajes positivos y me imagino teniendo las más extraordinarias experiencias. Practica tener un gesto de amor diario para ti.

3. Tu cuerpo es tu templo

Trata a tu cuerpo como un templo amoroso; no solo te sentirás más saludable, sino que aumentará tu energía y amor propio. Sé impecable e intencional sobre todo lo que pones en tu cuerpo, no solo porque quieres lucir bien, sino porque quieres sentirte bien. Llénate de nutrientes y deja las calorías vacías.

Aléjate de los alimentos procesados, los dulces y las harinas blancas que te quitan la energía, el foco y afectan tu estado de ánimo. Recuerda: "somos lo que comemos". Los alimentos se transforman en el sistema digestivo para pasar a la sangre y formar tus células, tus órganos y tus pensamientos. Lo que comemos afecta nuestro cuerpo, nuestra mente y nuestro espíritu.

4. Aprende a decir que no y dedica un tiempo de cada día solo para ti, para hacer lo que te gusta

Deja de estar disponible todo el tiempo para los demás y ser imprescindible para ellos. Está bien que los quieras y desees ayudarlos; pero, como las diosas, toma un tiempo para hacer aquello que te gusta y apasiona.

Este tiempo puede ser simplemente tiempo para jugar y celebrar la magia de la vida. Diviértete, duerme bien y no te sobrecargues. Haz ejercicios y revitalízate para poder dar lo mejor de ti. Si estás cansada, amargada y resentida, no puedes dar lo mejor que tienes. Solo cuando cuidas de ti misma puedes auténticamente y sin reservas servir al mundo.

5. Cultiva tu espiritualidad

No importa en qué crees, pero nutre y cultiva tu espíritu. Medita, practica la respiración profunda, ve a misa, haz yoga, lee un libro de autoayuda o la Biblia. Respira y conéctate contigo misma. Sobre todo porque, después de los cincuenta, lo que nos motiva e inspira es lo que alimenta nuestra alma. Al explorar tu espiritualidad, inicias un viaje sin límites para conocerte, aprender de ti misma, confiar en tu intuición y conectarte con la diosa que hay en ti.

6. Limpia tu closet

Limpiar tu closet puede ser más terapéutico de lo que imaginas. Para empezar, no te llenes de cosas que solo sirven para acumular y darte la falsa sensación de que tienes mucho. Compra solo aquello que de verdad te gusta y te enamora. Limpiar tu closet y sacar las cosas viejas, las que no has usado en los últimos 10 meses; hará espacio para que nuevas cosas puedan entrar en tu vida, liberando también tu mente y espíritu.

Deja tu pasado: una forma de limpiar y aclarar tu mente es dejar ir esa ropa, zapatos, accesorios que te vinculan con alguna energía negativa, con algún recuerdo triste o doloroso de tu vida que te hace recordar esos momentos que ya pasaron. Suelta, perdónate y no persigas lo que ya sucedió; ámate lo suficiente para saber que lo mejor está por venir.

7. Agradece

Y, por último: cada vez que agradecemos, nos damos cuenta de lo mucho que tenemos. Practica cada mañana agradecer por tres bendiciones que tuviste el día anterior y que te hizo tu vida más fácil.

Te asombrarás de la cantidad de bendiciones que has recibido durante el día. La práctica del agradecimiento nos lleva tomadas de la mano con la abundancia. Cuando estás agradecido por las cosas que tienes, no importa cuán pequeñas sean, verás cómo las bendiciones aumentan al instante.

El amor propio es un camino, un viaje. Requiere compasión, coraje, bondad, dedicación y práctica; se trata de reconocer tu auténtica esencia, la diosa que hay en ti. Es un proceso que te lleva a descubrir tu "yo" divino, la diosa sin tiempo ni edad que vive en ti, capaz de expresarse abierta y libremente, y de disfrutar cada uno de los placeres que la vida brinda.

¿Y sabes qué? Cuando comienzas a creer y a aceptar estos principios, cuando decides amarte y practicas estos rituales, ¡automáticamente vas a comenzar a sentirte y a verte en el espejo como una diosa! Si quieres profundizar un poco más en el tema, contáctame por Instagram (@yleanaketchum). Es parte de mi misión: apoyar a todas aquellas mujeres que quieren ser su mejor versión.

EJER

CICIO

EL ESPEJO

Quisiera compartir contigo que me lees un ejercicio que es muy eficaz para reconectarte con tu esencia. No tengas prisa para hacerlo. Regálate 10 minutos a solas contigo.

Colócate frente al espejo y obsérvate: mírate a los ojos por un rato y envíate amor, quiero que mires a tus ojos con amor. Busca tu alma dentro de ellos, recuerda que son el espejo del alma. Luego, agradece a esos ojos que te permiten ver y que han visto tantas cosas maravillosas. Piensa en ellas. Ahora, observa tu nariz y envíale amor a esa nariz que te ha permitido oler tantos aromas.

Piensa en los olores que te recuerdan tu infancia, en esas esencias particulares que emiten las personas que amas, en los olores de las comidas que te gustan. Agradece también a esa boca que ha besado y que se ha deleitado con tantos sabores. Mira tus orejas y escucha los sonidos a tu alrededor mientras les envías mucho amor, y recuerdas lo privilegiada que eres de poder escuchar. Observa tu pelo y agradece las veces que se ha despeinado.

Mira la imagen de tu cuerpo completo en el espejo con amor y sin juicios. Agradécele por ser el vehículo de tu alma en este plano. Deja que tu mirada vaya recorriendo tu cuerpo poco a poco mientras piensas lo útil que ha sido cada parte de él, y agradece por ello como lo hiciste con tu cara. Comienza por tu pecho, hombros y brazos. Baja por tu vientre, tus caderas, tus piernas y tus pies, obsérvate largo tiempo, y agradece todo lo que te han dado. Te asombrará cómo este ejercicio te puede conectar contigo misma.

¡CONÉCTATE CON TU NIÑA INTERIOR!

Si estás dispuesta a aprender a quererte lo suficiente para descubrir tu esencia, reconocer tu belleza única e irrepetible y compartirla con el mundo, conéctate con tu niña interior respondiendo estas preguntas: Qué te gustaba hacer cuando eras niña?

¿Qué hacías de niña que hacía que se te pasaran las horas volando?

¿Qué haces ahora que hace también que se te pasen las horas volando?

¿Qué querías ser de niña? ¿Cuál era tu personaje favorito?
¿A qué jugabas?

¿A quién te gustaba imitar o personificar en tus juegos?

¿Cómo te imaginabas que ibas a ser cuando fueras grande?

¡PRE GÚN TATE!

- ¿Quién soy? ¿Qué soy? ¿Qué siento hacia mí? ¿Qué quiero?

- ¿Qué necesito para ser feliz?

- ¿En qué opinión confío más, en la mía o en la de los demás?

- ¿Cómo me siento cuando salgo de mi zona de confort y hago algo que no he hecho nunca?

- ¿Qué me gusta? ¿Qué me gusta y hago frecuentemente? ¿Qué me gusta y no hago?

- Ámate como eres ahora, después de los 50, con todas tus debilidades y fortalezas, recuerda que lo que te hace auténtica es aquello que te hace diferente e irrepetible.

2

CAPÍTULO

—

"
LLÉNATE
DE
NUTRIENTES"

LA COMIDA NO SON CALORÍAS, ES INFORMACIÓN. ESTA HABLA CON TU ADN Y LE DICE QUÉ HACER. LA HERRAMIENTA MÁS PODEROSA PARA CAMBIAR TU SALUD, EL MEDIO AMBIENTE Y EL MUNDO ENTERO ES TU TENEDOR.

— Dr. Mark Hyman

Hace unos cuantos años atrás, a finales de los 70, cuando me gradué de bachillerato, mis padres me enviaron a estudiar en Connecticut. Durante mi estancia, engordé más de 20 libras, debido a una cantidad de cambios que viví no solo en mi alimentación, sino también en mis rutinas y hábitos.

Para empezar, en mi país estaba acostumbrada a desayunar solo un café con leche, a almorzar muy bien y a cenar poco.

Pero, estando en Connecticut, comencé a desayunar waffles o panquecas con tocino, sirope o mermelada, algún cereal azucarado, o un muffin; almorzaba algo "ligero", como pizza, hamburguesas o perros calientes; y la cena se convirtió en mi comida principal, a diferencia de mis antiguos hábitos alimenticios en los que la comida principal era el almuerzo. El problema era que a mí todo me sabía igual. Me parecía que a todo le faltaba sal, que nada tenía sabor, la comida me parecía insípida, nada me satisfacía, por lo que vivía comiendo durante todo el día.

La cena era formal. Alrededor de las 5:30 p.m., nos reuníamos y nos sentábamos en mesas de 10 personas, en cada una de las cuales había un profesor y donde los estudiantes se rotaban semanalmente para fungir de mesoneros y ofrecer a los comensales carne, pescado, o pollo, acompañados de puré, arroz o vegetales. Cada noche se servía un postre diferente. Eso era algo a lo que tampoco estaba acostumbrada, pero me resultó una agradable sorpresa que disfrutaba cada noche. Pero alrededor de las 9:00 p.m., tenía otra vez hambre, por lo que iba a comer helados o pedía pizza con mis compañeras... Sí, todas las noches, y así pasé de una talla 8 a una talla 12 en 9 meses.

Además del tema de la comida, también estaba el tema de los muchachos, pues yo tenía 18 años y estaba acostumbrada a ser algo popular en mi ciudad. Y ahora era invisible, ¡invisible! No me invitaban a salir y, además, me sentía gorda, me sentía pesada, insegura, fea, sin ánimos. Lo peor era que mi amor propio y mi confianza en mí misma estaban por el suelo.

Aunque por fuera todo parecía normal, por dentro no estaba bien. Mucho tiempo después, entendí que en realidad lo que me pasaba era que tenía hambre de otras cosas; la comida era solo la fachada, lo que tenía era hambre emocional, hambre de compañía, de familia, de mis amigos, de mi casa, de mi país. Esa hambre la sentí durante esos 9 meses en los Estados Unidos, y nada logró calmarla, por lo que me regresé a mi ciudad con una maleta que no podía dejar, de casi 25 libras de más.

Al llegar a mi casa en Maracaibo, comencé a buscar la forma de bajar de peso: conté calorías, hice la dieta de los puntos, la Scarsdale, la del Dr. Atkins, que, aunque en esa época no era muy saludable que digamos (permitía toda clase de grasas y no les daba importancia a las porciones) despertó en mí la noción de cómo actúan y afectan los diferentes alimentos a nuestro cuerpo.

Y fue así como comiendo mayonesa, bacon, quesos y muchísima proteína increíblemente comencé a perder peso. Me llamó demasiado la atención eso de obtener energía sin consumir azúcar, cuando me habían enseñado siempre que, si te sientes decaído y con poca energía, lo mejor es tomarse un agua con azúcar, o una gaseosa.

Finalmente, llegué a mi peso, y con este hecho, alcancé la conciencia de que este es el único "cuerpito" que tengo, que los vestidos y la ropa linda van y vienen, pues es algo que puedes comprar y desechar, pero este cuerpo que tengo siempre estará conmigo mientras viva por lo que lo tengo que mimar y cuidar.

Mi interés por la salud viene de mucho atrás. Cuando era niña me encantaba estudiar biología y quería ser doctora en medicina. Sin embargo, vi estudiar tanto y por tanto tiempo a mi hermano, que es médico, que me decidí por otra de mis pasiones: la comunicación. Me siento bendecida, porque la vida me dio la oportunidad de compartir esas dos pasiones durante muchos años a través de un programa radial, "Sentirse bien con Yleana Ketchum", en el que entrevisté a muchos reconocidos expertos en el tema de la salud, el bienestar, fitness y espiritualidad.

Después de muchos años de vivir en Venezuela, me tocó emigrar a los 50 años a Miami en una situación muy difícil y estresante, que me hizo perder mis rutinas y tomar malas decisiones con respecto a la comida. Estaba comiendo mal, consumiendo demasiadas harinas y, aunque no estaba gorda, me sentía sin energía, cosa que, por supuesto, achaqué a la situación que estaba atravesando.

Pero lo que más me preocupaba era que mi mente no estaba muy clara, tenía, como dicen los gringos "foggy mind", lo que hacía que no viera las cosas claras. ¿Quién no ha estado en una situación donde hay varias posibilidades y soluciones y tu mente no te deja ver la respuesta correcta porque todo se ve confuso? Son situaciones que en otro momento podrías resolver rápidamente, pero la falta de foco no te deja ver con claridad los detalles que necesitas saber; solo ves el todo, te confundes y no puedes decidir. Así estaba yo.

Por otro lado, aquí en Estados Unidos es muy fácil engordar sin darse cuenta, sobre todo con el estilo de vida agitado que todos llevamos, en el que no tenemos tiempo para nada. Podemos caer en comer comida basura, esa que se consigue por todas partes, que es barata, que está llena de azucares y grasa, y que a veces puedes conseguir sin siquiera tener que bajarte del carro.

En medio del caos de emigrar, sobre todo por ser forzado, decidí que no iba a volver a engordar 25 libras en 9 meses. Era consciente de que tenía 50 años y de que estaban ocurriendo un montón de cambios en mi cuerpo, pero en esta oportunidad tenía la experiencia de los años, tanto en mi vida como en mi profesión, por lo que establecer hábitos saludables se convirtió en una prioridad en mi vida. Comencé haciendo pequeños cambios en mi alimentación y rutinas, y poco a poco fueron haciéndose parte de mí.

Todos los días trataba de caminar y hacer ejercicio, porque era consciente de la delicada situación que estaba viviendo toda mi familia y de que, si quería ayudarla y apoyarla, tenía que estar saludable, fuerte por dentro y por fuera. Por esto, empecé a hacer ejercicio de forma consistente, a comer mejor, a averiguar, a investigar, hasta el punto que decidí certificarme como health coach en el Instituto de Nutrición Integral de Nueva York, donde aprendí uno de los conceptos más importantes a la hora de alimentarnos y ser felices.

> **"ASÍ COMO SE NECESITA COMIDA PARA EL CUERPO, SE NECESITA AMOR PARA EL ALMA"**

—— OSHO ——

CONCEPTO DE BIO- INDIVIDUALIDAD
Y ALIMENTOS PRIMARIOS

Los conceptos de bio-individualidad y de alimentación primaria le dieron un giro de 180 grados a lo que conocía sobre nutrición. El concepto de bio-individualidad significa que lo que para alguien puede ser comida o medicina, para otro puede ser veneno. Enfatiza que cada organismo es único y esa es la razón por la que no existe una dieta modelo con la cual todas las personas, todos los seres humanos, puedan llegar a su peso ideal, porque cada organismo es diferente, no solo por su genética, sino por el ambiente donde se expresan sus genes o su epigenética.

El concepto de alimentos primarios es aquel que dice que la nutrición es una fuente secundaria de energía. Los alimentos primarios o las fuentes no alimentarias de nutrición son las que realmente nos satisfacen. Eso quiere decir que alguien podría comerse todo el brócoli del mundo, pero si no está contento o satisfecho con su alimento primario, por ejemplo, si está peleado con su familia, o frustrado en el trabajo, es muy probable que no goce de una buena salud.

De niños todos vivíamos en la onda de los alimentos primarios. De hecho, se nos olvidaba comer, salías a jugar y se te olvidaba merendar, porque estabas llenándote de tantas emociones y de tantos alimentos primarios, que te sentías satisfecho. Los enamorados se alimentan de la pura felicidad y de la paz en que viven. Mientras que los empresarios apasionados también son alimentados por sus trabajos. La emoción y el éxtasis de la vida cotidiana nos pueden alimentar de forma más completa que cualquier alimento. Los alimentos primarios van más allá del plato, nutriendo desde un nivel más profundo.

Los 4 alimentos primarios principales son: la profesión, las relaciones, la actividad física y la práctica espiritual. Mientras más alimentos primarios consumimos menos dependemos de los alimentos secundarios. Y por el contrario cuando más nos llenemos de alimentos secundarios, menos espacio vamos a dejar para los alimentos primarios, nuestra verdaderamente fuente de nutrición.

— JOSHUA ROSENTHAL, INTEGRATIVE NUTRITION

Muchas religiones y culturas practican el ayuno para reducir el consumo de alimentos secundarios, abriendo canales para recibir una mayor cantidad de alimentos primarios y secundarios. ¿Te ha pasado que estás ensimismado en un trabajo y se te olvida comer? O cuando estamos de viaje que no nos damos cuenta cómo las horas pasan y, ¡ay!, de pronto tomamos un descanso de conocer los diferentes lugares y nos percatamos de que tenemos hambre... Bueno, así sucede.

A mi se me pasan las horas volando cuando hago algo que me apasiona, tanto que olvido comer. Recuerdo en una oportunidad que llevaba varias horas de compras con una amiga, y ella insistía en que comiéramos algo, a lo cual yo le respondía que "más tarde" hasta que hubo un momento en que ya no aguantaba mas, y me dijo en el vestidor mientras me probaba una blusa, " O nos vamos ya, o ¡Grito !" Cómo han de imaginar esta vez si la complaci.

Hay que tener un balance entre los alimentos primarios y secundarios, siempre tomando en cuenta que, mientras no satisfagamos nuestra alimentación primaria, vamos a tener problemas de salud así nos alimentemos de una forma extremadamente saludable. El balance entre los alimentos primarios y los alimentos secundarios es la clave, sabiendo siempre escoger bien, con buen criterio, los alimentos secundarios en nuestra vida.

CUIDA
A TU
FUTURA
YO

CUIDA TU CUERPO ES EL
ÚNICO LUGAR QUE TIENES
PARA VIVIR.

— Jim Rohn

Las mujeres son expertas en cuidar de otros. Es una lástima que la mayoría no utilicen esas dotes para cuidarse a sí mismas. Tenemos que aprender a cuidarnos, a cuidar a nuestra futura yo. Con las condiciones de higiene, salubridad, cuidados y alimentación a las cuales tenemos acceso hoy en día, es posible que vivamos hasta los 90 años, y quizás más, pero eso no significa que vayamos a disfrutar de una buena calidad de vida; es posible que nos sintamos enfermas o con un montón de limitaciones. Por ello, es importante que seamos conscientes de que es nuestra responsabilidad cómo vivamos nuestros años dorados.

Como dice la doctora Elvira Muliterno en su libro Mujer empoderada: "Cuidar a nuestra yo en el futuro es hacer cosas en el presente que sabemos que nos beneficiarán en el futuro, aunque al hacerlo suponga un esfuerzo". A lo largo de nuestra, vida hemos cuidado a tantas personas, a nuestros hijos, esposos, familia y amigos. Es hora de comenzar a ser nosotras la prioridad, entender que la única forma de servir a los demás es cuidándonos a nosotras. Y es que solamente cuando colocamos el cuidado personal como una prioridad, podremos ofrecerle al mundo lo mejor de nosotras sin resentimientos, logrando que nuestro afán de servir sea más auténtico, amoroso y efectivo.

Es probable que a muchas de las que me leen les toque cuidar a sus padres, y por hacerlo se estén descuidando a nivel personal, tomando como excusa la falta de tiempo y la dedicación al otro. Esas son solo excusas. Cuando tú te das cuenta de lo importante que es el cuidado de tu persona para ti y para los demás, comienzas a ser tú la prioridad. Yo creo que después de los 50 ya estamos grandecitas y hay bastante información por todas partes que nos habla del cuidado personal, como para que sigamos huyendo de la responsabilidad que tenemos con nosotras y con los demás.

RECUERDA: SI NO TE CUIDAS HOY, ¿QUIÉN TE VA A CUIDAR MAÑANA?

Es posible que pienses: "Si nunca me he cuidado, ¿por qué hacerlo ahora? Ya es muy tarde". ¿Cómo puedes pensar esto si tienes casi la mitad de la vida por delante, si en frente de ti tienes una cantidad de años que pueden ser muy interesantes y felices, aunque también pueden ser aburridos y frustrantes? La diferencia estará en tus decisiones. Si tú amas a las personas que están contigo, la mejor demostración de amor que puedes hacerles es cuidarte a ti misma, para que otros no tengan que hacerlo por ti; así que, si no lo quieres hacer por ti misma, hazlo por los otros... Aunque sería preferible lo hicieras por amor a ti.

Nunca es tarde para comenzar a cuidarnos. Podemos comenzar de a poquito, haciendo pequeños cambios y aprendiendo a comprender nuestro cuerpo. Venimos de una cultura que está acostumbrada a resolver todo con una pastilla. Sin embargo, la mayoría de las veces los medicamentos son solo pañitos calientes que aplacan los síntomas, pero que no llegan a sanar el origen del problema. Si escuchamos con atención lo que nuestro cuerpo nos quiere decir, podemos muchas veces encontrar la raíz, la cual usualmente está ligada a lo que comemos. Sí, a veces los malestares son causados por una sensibilidad a ciertos alimentos.

Hay comidas inflamatorias como las harinas y el azúcar, que a algunas personas no parecen afectarles, pero hay otras a quienes causan problemas digestivos o dolores en las articulaciones. Al analizar nuestra rutina, podemos darnos cuenta de que tenemos ciertos hábitos que podrían afectar nuestra salud. Por ejemplo, cuando nos acostamos después de comer; la próxima vez que lo hagas, pon atención a lo que sientes. Una de las mayores quejas que escucho de mis coachees es la falta de energía, la cual piensan que es algo normal después de los 50. También hay que pensar en qué es lo que estamos haciendo que nos quita la energía. La mayoría de nosotros fuimos criados pensando que el azúcar era la mejor fuente de energía.

Es cierto que el azúcar es un carbohidrato y que estos son la fuente más rápida que tiene el cuerpo para conseguir energía. Sin embargo, nuestro organismo no fue diseñado para consumir tanta cantidad de carbohidratos procesados como los que hoy están a nuestra disposición. Por esto, al final, en lugar de proporcionarnos energía, nos agotan. En la próxima sección, te voy a explicar cómo el azúcar actúa en la sangre para que te des cuenta de cómo lo que creíamos que nos daba energía en realidad nos la quita.

¿CÓMO ACTÚA EL AZÚCAR EN LA SANGRE?

AQUELLOS QUE PIENSAN QUE NO TIENEN TIEMPO PARA UNA ALIMENTACIÓN SALUDABLE TARDE O TEMPRANO ENCONTRARÁN TIEMPO PARA LA ENFERMEDAD.

— Edward Stanley

La necesidad de comer dulce es tan natural como el deseo de respirar. A través de dos millones de años de evolución, los seres humanos han sido programados para desear ese sabor dulce en las comidas. Mucho antes de que existiera la comida procesada, los únicos alimentos con sabor dulce provenían de las plantas, como los tubérculos, los granos y las frutas. El hombre del paleolítico no había descubierto la agricultura y su alimentación estaba basada en la caza y en la pesca.

De vez en cuando, conseguía azúcar o miel, y las disfrutaba muchísimo. Apenas las conseguía, se apoderaba de la mayor cantidad posible, aunque le duraba muy poco. Nuestro cuerpo ha sido diseñado para que nos gusten los carbohidratos porque es la fuente más rápida de energía que existe. Lamentablemente, lo que no se previó era cómo iba a evolucionar el mundo, y el mundo lo hizo. El hombre descubrió la agricultura y pudo sembrar y disfrutar de una mayor cantidad de frutas. Luego apareció la electricidad y pudo almacenarlas y preservarlas por un tiempo mayor.

Después llegó la industrialización y pudo elaborar productos en serie que estuviesen en buen estado por mucho más tiempo aún. De esa forma, aparecieron alimentos procesados, como panes, pastelería, galletas, pastas, comida enlatada y envasada, que hoy en día ocupan más de tres cuartas partes de los supermercados. El 80% de estos alimentos y procesados contienen azúcar escondida. Ese producto, que casi no conseguíamos, hoy lo encontramos en miles de formas.

EL PROBLEMA ES QUE EL CUERPO HUMANO NO HA SIDO DISEÑADO PARA CONSUMIR TANTA AZÚCAR COMO LO HACEMOS HOY EN DÍA. HACERLO EN DEMASÍA AFECTA NUESTRA ENERGÍA Y BIENESTAR.

Nuestro organismo no puede absorber los alimentos tal y como son, estos deben transformarse a través de la digestión en sustancias muy pequeñas, llamadas nutrientes, capaces de transportarse por la sangre. De esta manera, nuestra sangre forma células, órganos y, aunque ustedes no lo crean, forma nuestros pensamientos. O sea que dependerá de lo que comamos la calidad de nuestros órganos y también la de nuestros pensamientos.

Ese viejo dicho que dice "Somos lo que comemos" es real. Lo que comemos también afecta lo que pensamos; nosotros no pensamos igual cuando nos comemos una bandeja con dulces de canolis que cuando nos comemos una bandeja de frutas. Tampoco nos comportamos igual si nos tomamos cinco cafés o cinco whiskies. Cuando entiendes que todo lo que comes te afecta, puedes entender por qué a veces tienes esos antojos incontrolables que te hacen sentir mal, que te quitan la energía y hasta el foco mental.

Cuando consumimos alimentos procesados, estos entran muy rápido en nuestro organismo, produciendo una elevación súbita de los niveles de glucosa en la sangre, por lo que el páncreas dispara una gran cantidad de insulina para equilibrarla y para transportarla a las células y que se transforme en energía, y así realizar sus funciones vitales. Pero, así como suben muy rápido los niveles de glucosa en la sangre, también bajan aceleradamente, lo que hace que los niveles desciendan y que nuestro organismo pida más para mantener esos niveles equilibrados. Es por eso que cuando estamos consumiendo azúcar simple, nuestros niveles de glucosa en la sangre suben y bajan, lo que hace que nos mantengamos siempre con hambre.

Eso no pasa cuando consumimos frutas o vegetales. Aunque estos contienen altos niveles de fructosa, tienen muchísima fibra, lo que hace que la glucosa entre en el torrente sanguíneo de manera más lenta, regulando la cantidad de azúcar que pasa por nuestras venas y evitando los picos en los niveles de azúcar en la sangre. Nuestro cuerpo necesita mantener los niveles de glucosa estables.

Si siempre estamos consumiendo azúcar, nuestro cuerpo pensará que ese es el nivel normal, por lo que sentiremos una baja de energía o hambre para volver a consumir más azúcar, creando un ciclo vicioso. Por ejemplo, si desayunas un carbohidrato complejo, como avena, fresas, arándanos o un pan Ezequiel o pan esenio (elaborado con legumbres y cereales germinados) con aguacate y huevo, tendrás energía durante toda la mañana hasta la hora del almuerzo.

Pero si desayunas un cereal azucarado o unas tostadas de pan blanco con mermelada, suponiendo que tengan las mismas calorías, inicialmente te sentirás satisfecho y con mucha energía, pero al ratito tendrás hambre otra vez. No todas las calorías tienen los misma cantidad de nutrientes. Ese ciclo vicioso tiene varias consecuencias en nuestro organismo. No solo te hace acumular grasas y tener unos kilos de más, sino que te hace sentir fatiga debido a ese subir y bajar del nivel glicémico, y lo peor: hace que no puedas pensar con claridad.

Es por eso que muchos investigadores sostienen que el azúcar es altamente adictivo, mucho más adictivo de lo que tú puedas imaginar. Hay un estudio que hicieron en la Universidad de Bordeaux en Francia, en el que tomaron ratones y los alimentaron primero solo con azúcar, luego se la quitaron y les dieron la alimentación que acostumbraban antes, pero en esta oportunidad le agregaron cocaína, hasta hacerlos adictos.

En una tercera ronda del experimento les dieron a los roedores dos opciones a escoger, entre la cocaína y el azúcar. ¿Adivinen cuál escogieron? El azúcar. Este estudio concluyó que el azúcar es 8 veces más adictiva que la cocaína: esa podría ser la razón por la cual, mientras más comemos azúcar, más queremos, y es la razón de la epidemia de obesidad que estamos viviendo en el mundo.

"NO TODAS LAS CALORÍAS SON IGUALES"

AZÚ‑
CAR

——————————————— LO QUE DEBES SABER

● El azúcar no sacia tu apetito, te hace dependiente. Está llena de calorías vacías sin nutrientes necesarios y lo peor es que te aleja de los alimentos que sí son nutritivos. Además, hace que te sientas con apetito a pesar de haber comido hace poco.

● Te quita energía y afecta la claridad mental y el humor que tanto nos hace falta después de los 50, porque con esa necesidad de seguir consumiendo azúcar solo lograrás ponerte de malas; además, está comprobado que causa neblina mental.

● Te hace aumentar de peso. El metabolismo se vuelve un poco más lento cuando llegamos a la quinta década; por lo tanto, al consumir azúcar sentimos más apetito, lo que hace que comamos más, acumulemos grasas y ganemos unas libras extra.

● Acelera la aparición de arrugas en el rostro y la pérdida de elasticidad de la piel, ya que los elevados niveles de glucosa en la sangre impiden la restauración de colágeno.

● Produce un proceso inflamatorio que te puede llevar a muchas enfermedades, como artritis o fibromialgia. Las harinas procesadas son alimentos altamente inflamatorios para el cuerpo.

● Te puede conducir a una pre-diabetes o la diabetes tipo II, ya que produce resistencia a la insulina.

TIPS

10 tips para bajar el consumo de azúcar

1. Evita comer azúcar en el desayuno

El azúcar es como una droga. Mientras más la comes, más la necesitas para sentirte satisfecho. Evita los cereales de caja, los jugos de frutas artificiales y las donas.

2. Comienza la mañana con un jugo verde lleno de nutrientes

Esto te satisfará y te pondrá en sintonía con el estilo de vida saludable. Hazlo con espinaca, apio, manzana, cambur, limón y menta.

3. Agrega vegetales y proteínas en casi todas tus comidas

Recuerda que muchos vegetales tienen un sabor dulce que calma tus antojos. Asimismo, la proteína te ayuda a permanecer más tiempo sin la sensación de hambre y a mantener tus niveles de insulina nivelados. Si te alejas de los jugos y bebidas envasadas y del dulce diario ¡es un gran paso!

4. Toma mucha agua

Cuando sientes un antojo, puede ser que tu cuerpo te esté diciendo que está deshidratado. Las señales de sed y hambre son similares y, a veces, es difícil diferenciarlas.

5. Aléjate de los alimentos blancos y procesados

Recuerda visitar primero los laterales de los supermercados donde están los vegetales, frutas, proteínas y lácteos. Tómate el tiempo de leer las etiquetas para que sepas que es lo que estás comprando.

6. Agrega más grasas saludable a tu dieta

Las grasas saludables, como las almendras, el aguacate, el aceite de oliva y el salmón, además de ser deliciosos, son una fuente de energía y te hacen sentir satisfecha. Te ayudarán a superar las ansias momentáneas de azúcar.

7. ¡Haz ejercicios y ocúpate!

Llénate de endorfinas y distráete. Cuando estás ocupada, no tienes tiempo de pensar en comida.

8. Come más a menudo

Los antojos pueden ser una manera de tu cuerpo para pedirte que lo alimentes. A veces, no tenemos hambre de calorías, sino hambre de nutrición, por eso lo mejor es comer comida llena de nutrientes y baja en calorías. Recuerda que cuando sentimos hambre, comemos lo primero que encontramos y, por lo general, es algo procesado y poco saludable.

9. Lávate los dientes o mastica un chicle sin azúcar

Sobre todo te puede servir para después de comer, si tienes la costumbre de terminar tus comidas con algo dulce.

10. Duerme bien

Cuando duermes poco, el cuerpo necesita más energía y pretende conseguirla a través de comer más. Duerme lo necesario y evita que esto suceda.

Por último, no conviertas tu vida en un infierno.
Introduce tus cambios en tu alimentación poco a poco: Roma no se hizo en un día. A veces, de la intensidad solo queda el cansancio. Lo importante es buscar el balance de una vida armónica. Sé de mucha gente que come solo brócoli, es infeliz y se enferma.

Trata de llevar una dieta sana en un 70/80. Come chocolate oscuro, lleno de antioxidantes. Disfruta tus comidas premio. Comparte con tu familia y amigos.

¡GOZA DE LA NATURALEZA Y SÉ FELIZ!

Recuerda que...

¡AHORA ES EL MOMENTO!

¡Tienes la mitad de tu vida por delante!

DILE SÍ A LAS GRASAS

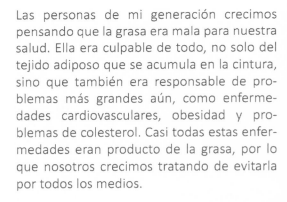

Las personas de mi generación crecimos pensando que la grasa era mala para nuestra salud. Ella era culpable de todo, no solo del tejido adiposo que se acumula en la cintura, sino que también era responsable de problemas más grandes aún, como enfermedades cardiovasculares, obesidad y problemas de colesterol. Casi todas estas enfermedades eran producto de la grasa, por lo que nosotros crecimos tratando de evitarla por todos los medios.

Numerosos estudios lo comprobaban, y estamos hablando desde médicos muy reconocidos hasta investigaciones realizadas en prestigiosas universidades. Todos coincidían en que el problema era la grasa, por lo que la industria de bebidas y alimentos decidió diseñar productos libres de ella y comenzamos a ver galletas sin grasa, o "fat free", salsas con grasa reducida, o "low fat", y todo tipo de comidas procesadas y bebidas bajas en grasas que inundaron los supermercados y que confirmaban que las grasas eran el enemigo a combatir.

El problema es que, cuando le quitas a los alimentos la grasa, necesitas agregar algún otro sabor para que sea más gustoso; este puede ser salado o dulce, pero como la sal estaba contraindicada para los problemas cardiovasculares, decidieron agregarle más azúcar.

Hay dos sabores que son los que principalmente nos gustan a los seres humanos: el azúcar y la grasa. Como dije anteriormente, al quitar la grasa, para que el producto tenga un sabor agradable y así poder venderlo, hubo que agregarle más azúcar, y es por eso que casi todos esos productos que dicen "low fat" o "fat free" contienen una altísima cantidad de azúcar, lo que causa adicción y no satisface nuestros requerimientos nutricionales, haciendo que sintamos en muy poco tiempo la necesidad de comer de nuevo, lo que conlleva a un aumento de peso.

Si estamos consumiendo esta clase de productos con regularidad, es muy probable que tengamos problemas de sobrepeso, lo cual es una de los factores que predisponen al organismo a sufrir una enfermedad cardiovascular. Además, el contenido de los alimentos procesados sin grasa es considerado por el cuerpo como toxinas, en su mayoría. El organismo no reconoce los compuestos; por lo tanto, no puede digerirlos.

En la actualidad, nos hemos dado cuenta de que podemos comer mucho, pero al mismo tiempo no recibir los nutrientes necesarios, porque nos alimentamos mal. También hemos aceptado que la calidad de la comida realmente afecta nuestro organismo. Esto nos deja como enseñanza que lo que hoy es reconocido como una verdad, mañana tal vez ya no lo sea, porque la ciencia de la nutrición es una ciencia en continuo desarrollo.

Lo cierto es que, al final, esos productos procesados etiquetados bajos en grasas son más nocivos para nuestra salud que las versiones originales, y son una de las peores decisiones que podemos tomar a la hora de seleccionar nuestros alimentos.Luego de varias décadas creyendo que el enemigo era la grasa, se volteó la tortilla, y resulta que es todo lo contrario, que el enemigo es el azúcar y que las grasas nos proporcionan grandes beneficios. Hoy, la gran mayoría de los investigadores coinciden en que el problema no son las grasas, sino las que se encuentran en la comida basura y en los aceites hidrogenados, las "grasas trans", un tipo de grasa vegetal que, al ser sometida a procesos industriales de hidrogenación, se transforma del estado líquido al sólido.

Estos compuestos no tienen ningún valor nutritivo, pero la industria alimentaria los utiliza para extender el tiempo de caducidad de un producto y se encuentran sobre todo en la comida rápida, en los alimentos fritos, en la margarina, en los pasteles y en las galletas. Este tipo de grasas incrementan los niveles del llamado "colesterol malo", el cual está vinculado al desarrollo de depósitos de grasa en las arterias, lo que resulta en un mayor riesgo de enfermedades cardiovasculares.

GRASAS SALU DABLES

INCLÚYELAS EN TU DIETA

Incluye en tu dieta grasas saludables, como el aguacate, las almendras, el salmón, la chía, la linaza y los frutos secos. No hay que olvidarse de que las grasas son energía, ya que es la segunda fuente de energía para nuestro organismo. Aunque es más lenta de digerir que los carbohidratos, es la fuente por la cual nos mantuvimos vivos por millones de años.

Las grasas son una fuente de energía enorme y ayudan al cuerpo a absorber vitaminas liposolubles, como las vitaminas A, D, E y K, las grasas Omega-3, las que se encuentran en el salmón y en otros pescados grandes y son importantes para el funcionamiento óptimo del corazón, el cerebro y el sistema nervioso, protegiéndonos de enfermedades cardiovasculares. Además, mantienen el cerebro enfocado y también nos alejan de la depresión.

EL CONSUMO DE GRASA DESPUÉS DE LOS 50 PUEDE SER ALGO VERDADERAMENTE INTERESANTE, PORQUE CON UN ESTILO DE VIDA ACTIVO AYUDA A MANTENER NUESTRO SISTEMA HORMONAL Y PERMITE UNA RECUPERACIÓN MÁS RÁPIDA Y EFICAZ, DESPUÉS DE REALIZAR EJERCICIO FÍSICO

Las grasas buenas ayudan a controlar el apetito, sobre todo cuando las combinas con proteínas, que hacen que mejores tu composición corporal; es decir, menos grasa y más músculo. Una dieta con una ingesta óptima de grasas y Omega-3 incrementa la lipólisis, que es la oxidación de las grasas. Por otra parte, activa los genes, quema grasa e inhibe los genes que incrementan la lipogénesis, que es básicamente la acumulación que queremos evitar.

Por si fuera poco, el Omega-3 mejora el funcionamiento de la tiroides, la cual controla el metabolismo y reduce la sensibilidad a la insulina que también suele manifestarse en muchas mujeres después de los 50. Generalmente, quienes comen poca grasa consumen más carbohidratos. La adaptación metabólica es mejor cuando se incrementa el consumo de las grasas buenas; las controlas, mas no eliminas los carbohidratos.

Para fortalecer nuestro sistema inmune, es necesario tener grasa en nuestro cuerpo, ya que fortalece también la absorción de antioxidantes y de vitaminas. Las grasas saludables tienen un efecto positivo sobre la función inmune normal, ya que tienen propiedades antiinflamatorias, reducen el riesgo de contraer enfermedades y de padecer cáncer.

Las grasas buenas previenen también afecciones cardíacas, disminuyen la presión sanguínea, el colesterol y los triglicéridos. Una gran cantidad de estudios señalan que una dieta con grasa no es la que eleva los triglicéridos, sino una dieta alta en carbohidratos, sobre todo refinados.

El Omega-3 combate la inflamación y, por lo tanto, la artritis, la colitis, la fibromialgia, la diverticulitis y otras enfermedades inflamatorias, y ayuda a prevenir la osteoporosis y la diabetes.

La grasa te ayuda a tener una piel más linda. Muchas veces la piel seca, escamosa y, en ocasiones, el acné tienen su origen en la deficiencia de ácidos grasos, perdiendo así las posibilidades de tener una piel tersa y de aspecto joven. El Omega-3 y el Omega-6 proporcionan la base para tener células sanas que nos darán una piel más tersa y mucho más hidratada. Para ello, debes consumir mucho aguacate, salmón, almendras, nueces, chía y sardinas.

Por otro lado, cuando tenemos una dieta rica en grasas, nuestro sistema cerebral funciona mucho mejor, porque necesita las grasas para funcionar, ya que el cerebro está conformado por casi un 80% de grasa. Además, la falta de grasa nos puede llevar a la depresión. Por eso, vemos a veces a muchos vegetarianos que no se suplementan con Omega-3 y 6 y tienen problemas de depresión y estado de ánimo.

Las grasas buenas mejoran tu estado cerebral y tu estado de ánimo, disminuyendo el riesgo de padecer Alzheimer, por lo que después de los 50, es vital mantener un buen consumo de grasas saludables.

ALIMENTOS QUE NO DEBEN FALTAR EN TU DIETA DESPUÉS DE LOS 50 —

Como sabemos, son muchos los cambios que experimentamos en nuestro cuerpo después de los 50. Estos alimentos pueden actuar como remedios naturales para:

- Balancear los niveles de estrógeno
- Prevenir la osteoporosis y el dolor en las articulaciones
- Controlar los cambios repentinos de humor
- Mantener la piel hidratada
- Aumentar la libido

1. Come alimentos ricos en calcio, como brócoli, almendras, batatas, naranjas, vegetales de hoja verde, algas marinas, sardinas y lácteos. Recuerda que después de los 50 el riesgo de osteoporosis aumenta significativamente, debido a la disminución del estrógeno.

2. Limita la cafeína. A estas alturas, puede que tu hábito de tomar café esté demasiado establecido y sea muy difícil de romper, pero trata de tomar una sola taza al día por la mañana. Uno de los problemas comunes en una gran mayoría de las mujeres contemporáneas es la dificultad de conciliar el sueño, por lo que un café por la tarde puede empeorar el problema.

3. Llena tu plato de frutas y verduras. La vida después de los 50 años no debería ser una vida a dieta. Por el contrario, es hora de centrarnos en comer alimentos más ligeros, llenos de nutrientes. Es cierto que el metabolismo comienza a hacerse más lento, y que hay una tendencia a aumentar de peso, pero una dieta rica en vegetales nos puede ayudar a llenarnos de nutrientes y a mantenernos en un peso saludable.

4. Evita las harinas y el azúcar. Son alimentos altamente procesados con poco valor nutricional, que nos quitan la energía y nos hacen aumentar de peso.

5. Consume comida para mejorar el buen humor. Para acabar con la irritabilidad, depresión, ansiedad y mal humor, consume alimentos ricos en Omega-3, como el salmón, las sardinas, el atún, las nueces y las semillas de linaza; e incluye en tu dieta carnes magras, huevos, yogurt, verduras de hojas verdes oscuras, cereales integrales y mariscos, ricos en vitamina B.

Incluye en tu dieta:
- Vegetales crucíferos, como el brócoli, coles de Bruselas, coliflor y repollo
- Vegetales de hojas verde oscuro, como la espinaca y Kale
- Pescados grasos, como el salmón y las sardinas
- Todas las nueces, almendras y semillas
- Aguacate y todas las grasas saludables
- Chocolate oscuro
- Maca
- Flax seeds o linaza

No son alimentos mágicos, cada cuerpo es distinto, pero te animo a que los consumas a menudo y que estés pendiente de qué efecto tienen en ti.

¿Y LOS ACHAQUES QUÉ?

Hay un dicho que reza: "Si después de los 50 años no te duele algo, es porque estás muerto". Es cierto que, para muchos, después de los 50 el cuerpo empieza a sentir molestias que antes no percibía, pero a pesar de que esta oración esconde parte de la sabiduría popular, no tiene por qué ser así. Tú no tienes que despertarte con dolor.

Esos achaques de los cuales te quejas son mensajitos que el cuerpo te envía para que le pongas atención y cambies tu estilo de vida, porque a pesar de lo resiliente que es nuestro organismo, hay un momento en el que dice: ¡basta ya!

Y es así como es muy común que muchísimas personas comiencen a sentir reflujo, o a quejarse de que tienen el estómago distendido, que se sienten hinchadas, con gases, con pesadez, con falta de energía, por lo que visitan al médico para que les recete una pastillita que curará todos sus males. La buena noticia es que, si empezamos a alimentarnos de la manera correcta, esos síntomas que estamos padeciendo con seguridad desaparecerán.

Con un estilo de vida saludable, comiendo de forma adecuada, haciendo ejercicios, cultivando nuestra mente y espíritu, podemos tener una vida plena, sin limitaciones. Ahora, si seguimos alimentándonos con lo primero que aparezca, lo que se nos atraviese por delante, manteniéndonos recostados viendo la televisión, es muy posible que esos síntomas se compliquen y se conviertan en enfermedades crónicas y de inmunodeficiencia, como artritis, diabetes, diverticulitis, colon irritable, enfermedades cardiovasculares. Lo importante es que tú sepas que puedes aliviar o sanar esos "achaques".

LA EPIGENÉTICA, LA CIENCIA QUE ESTUDIA LA EXPRESIÓN DE LOS GENES, HA CONCLUIDO QUE NO PODEMOS CAMBIAR LA ESTRUCTURA DE NUESTRO ADN (NUESTRA GENÉTICA), PERO SÍ PODEMOS INFLUIR A TRAVÉS DE NUESTRO ESTILO DE VIDA PARA CAMBIAR LA FORMA EN QUE ESTE SE EXPRESA EN UN 75 POR CIENTO. Es por eso que ha habido casos de gemelos que tienen los mismos cromosomas, los mismos genes y, al final, uno padece de alguna enfermedad de las que llamamos "hereditarias" y el otro no.

Aun cuando ambos hayan tenido la misma predisposición a sufrir de esa enfermedad, la forma en la que se alimentaron, la cantidad de ejercicios que hizo cada uno, cómo manejaron las emociones, la cantidad de estrés a la que hayan sido sometidos, así como haber o no encontrado lo que les apasiona influirá de manera tajante en su estado de salud, más que su genética. Eso quiere decir que no somos víctimas de los genes heredados de nuestros padres.

No podemos negar que nuestros genes nos predisponen a una serie de circunstancias, pero no predeterminan nuestro destino. Si tu madre o padre fueron diabéticos, no quiere decir que tú lo vayas a ser. ¿Hay una predisposición? Es cierto, tienes un 25 por ciento de probabilidades de padecerla, pero si tú adoptas un régimen alimenticio bajo en azúcar, practicas ejercicio regularmente y tienes relaciones saludables, es más que probable que ese gen no se active.

Muchas de las enfermedades que padecemos son producto de la forma en que manejamos nuestras emociones, de conflictos no resueltos y de resentimientos. El resentimiento es una de las emociones que más daño pueden hacer al ser humano. Por ello, lo más importante es perdonar y soltar, sin importar quién tiene la razón. Sé que es difícil, pero cuando ciertas emociones no son resueltas, el cuerpo se encarga, y su modus operandi es destaparlas a través de las enfermedades.

En los años 60 y 70 era muy común conocer personas que padecían de úlcera: era la válvula de escape que tenía el cuerpo para soltar el estrés. Sin embargo, al conocerse que esa era la razón, comenzamos a cuidarnos desde los primeros síntomas de la gastritis, lo que hizo que poco a poco desapareciera la enfermedad.

Hoy en día, casi todas las enfermedades son producto del cortisol elevado, la hormona del estrés, y el dolor de espalda es uno de los síntomas más comunes de este. Una manera de aliviar los dolores de este tipo es primero que nada aceptar que, aunque en apariencia no nos sintamos estresados, sí lo estamos y que nuestro organismo está utilizando este proceso como válvula de escape para bajar el cortisol. La sola consciencia de saber que la molestia o dolor es producto del estrés puede ayudar a aliviar el dolor. Prueba decirte a ti misma "es estrés, va a pasar".

El estrés, las molestias, los resentimientos y el miedo son emociones que mal manejadas pueden convertirse en enfermedades. Las enfermedades no surgen de la nada, son un proceso que tarda en desarrollarse, un desequilibrio del sistema, que suele ser consecuencia de años de negligencia y abandono de todo aquello que genera buena salud.

El miedo, el resentimiento, el dolor y la ira mantienen elevados los niveles de cortisol por demasiado tiempo y hacen que el organismo se comprometa y el sistema inmunológico se debilite. Al cuidarte física y emocionalmente, estás influyendo en la expresión de tus genes.

Descubrí a Louise Hay muy joven, cuando leí su libro Usted puede sanar su vida, en el que hablaba sobre el poder de la visualización y explicaba que, en caso de padecer una enfermedad, era importante que imagináramos a los glóbulos blancos luchando como soldados contra las infecciones o virus que atacaban a nuestro organismo, que los visualizáramos como pequeños guerreros que trabajaban en función de tu salud. Desde que leí ese libro no dejo de practicar esta visualización cuando me siento enferma.

¡PRE
GÚN
TATE!

◊ ¿Consumo vegetales en cada una de mis comidas?

◊ ¿Suficientes grasas saludables?

◊ ¿Cuántos vasos de agua tomo diariamente?

◊ ¿Mis meriendas son producto de la sensación de hambre en el estómago o por costumbre, antojo, ansiedad o aburrimiento?

◊ ¿Tengo antojo de dulces por las tardes?

◊ ¿Dejo mi sistema digestivo descansar por lo menos 12 horas? ¿Durante cuánto tiempo?

EJER

CICIO

1.- Lleva un diario de todas tus comidas durante 3 días. Anota todo lo que comes, incluyendo líquidos, para que tengas idea de qué tipo y cantidad de alimentos consumes diariamente.

2.- Busca los alimentos procesados con los que generalmente meriendas, incluyendo jugos y barras, y revisa las etiquetas. Fíjate cuánta azúcar tienen escondida; recuerda que una cucharadita son 4 gramos de azúcar. Trata de que la porción no tenga más de 6 gramos.

3.- Aprende a comer conscientemente, masticando cada bocado unas 20 veces. No hagas nada más mientras comes, concéntrate en el sabor, la textura y temperatura del alimento que tienes en tu boca. Esta práctica trae múltiples beneficios a tu salud; mejora la absorción de nutrientes y la circulación, aumenta tu sistema inmunológico y energía y hasta tu piel lucirá más lozana, pero sobre todo te ayudará a estabilizar tu peso, porque cuando comemos consciente y lentamente, nos damos cuenta de cuándo estamos satisfechos, y comemos menos.

3

CAPÍTULO

"MUÉVETE, AGREGA VIDA A LOS AÑOS"

TE MUEVES Y VIVES. DEJAS DE HACERLO Y MUERES. ASÍ DE SENCILLO.

— Bob Cooley,
El genio de la flexibilidad

Si tuviera que darte un solo consejo para retrasar el proceso de envejecimiento, sin lugar a dudas sería: ¡Mantente activa físicamente! Está comprobado que el ejercicio te ayuda a mantenerte joven a nivel celular, específicamente por el impacto que tienen sobre las mitocondrias, que son las encargadas de producir energía para que el cuerpo pueda funcionar; y, si estás bien por dentro, ¡pues estarás mejor por fuera!

Si tenemos unas células sanas, tendremos también un cuerpo que se sentirá lleno de energía y proyectará una imagen jovial. ¡Una razón más para seguir ejercitándote después de los 50!

Una dieta equilibrada es esencial para una vida feliz y saludable, pero sin el ejercicio regular, no hay cantidad de espinaca o quinoa que sean capaces de compensar la falta de movimiento. Yo hago ejercicios con frecuencia, porque quiero alargar mi movilidad lo más que pueda, por el mayor tiempo posible, pero sé que obtengo muchos otros beneficios que van más allá de lo físico.

Cada vez que haces ejercicio, le agregas más años a tu vida (está comprobado que el ejercicio regular alarga la esperanza de vida una media de 7 años, y viceversa) y, más importante aún, les das vida a tus años, porque no solo te mantienes en forma y con energía, sino que mejoras tu actitud ante la vida y estado de ánimo, alejando la depresión. El ejercicio físico también optimiza tu concentración, ayudándote a disminuir el riesgo de padecer Alzheimer, y disminuye el cortisol en tu cuerpo, el principal causante de casi todas las enfermedades.

Les confieso que no siempre fui constante haciendo ejercicios. Es más, en mi niñez y adolescencia no hice ni siquiera la gimnasia básica que era obligatoria en el colegio, ya que estaba eximida de ello, pues a los 7 años padecí un raro virus (así me dijeron en aquella época, hoy sé que se trató de la enfermedad de Perthes) que me impidió caminar por un tiempo, debido a que estaba destruyendo los huesos de mi cadera.

Gracias a Dios se pudo detectar y detener a tiempo, sin grandes conse-cuencias para mi movilidad. Luego de que me recuperé, mis padres me llevaron hasta el Boston Children's Hospital, donde los médicos de la época insistieron en que no debía hacer ejercicios hasta los 14 años, así que crecí sin siquiera saber montar bicicleta. No creo que hoy en día indiquen el mismo tratamiento.

Comencé a hacer ejercicios esporádicamente después de que me casé, más por moda o por ese deseo de verme un poco mejor. Pero fue a los cuarenta y tantos cuando comencé a tomar el ejercicio en serio, cuando vi a mi suegra, una mujer súper activa profesionalmente, sufriendo de osteoporosis, enfermedad que más tarde la condenaría a una silla de ruedas. No perder mi movilidad se convirtió en un motivo realmente importante para mí, que me hizo entrenar mi cuerpo por lo menos tres veces por semana: no quería que me pasara lo mismo que a ella.

Es muy importante encontrar un motivo que te mantenga enfocada. No se trata de hacer ejercicio para adelgazar y lucir regia en bikini en vacaciones o tener los glúteos levantaditos (aunque esos también son buenos motivos). Es mejor pensar en algo más a largo plazo, pues la fuerza de voluntad no dura para siempre. Un buen ejemplo sería sentirte mejor, con energía y buen ánimo.

Cuando llegué a los Estados Unidos en las condiciones que describí anteriormente, el estrés era en mi casa el pan de cada día, debido a las preocupaciones legales y financieras que enfrentábamos, además de los problemas de adaptación familiar que requerían de toda mi atención y creaban mucha tensión en mi cuerpo, por lo que en vez de quedarme en la casa comiendo cuanto carbohidrato me pasaba por el frente, me obligué a salir a caminar una hora todos los días, para liberar la tensión física acumulada, y favorecer la producción de endorfinas, que me ayudarían a combatir la tristeza que sentía al dejar mi país y a resolver todo tipo de situaciones con el mejor ánimo posible.

Ese fue mi motivo, y es el que aún me mantiene activa, porque sé que las posibilidades de sufrir de depresión aumentan después de los 50 y porque quiero en mi vida toda esa carga de endorfinas que aumenta mi sensación de bienestar, mejora mi sistema inmunológico, mi libido y hasta controla mi apetito. Si no eres regular haciendo ejercicios o no lo has sido nunca, debo decirte que nunca es tarde para comenzar y que jamás permitas que alguien te diga que eres demasiado mayor para conseguir una meta física.

Mientras más pasan los años, mayor es la necesidad de ejercitarse, ya que cada año que pasa se acelera la pérdida de la masa muscular que sostiene y protege nuestros huesos y que nos permite movilizarnos. Creo que una de las razones por las cuales muchas personas no hacen ejercicio es porque simplemente no han encontrado "eso" que los engancha. Muchas veces, lo que hace que nos "conectemos" con una actividad física en especial depende de nuestra personalidad, del tipo de ejercicio, de la persona que lo imparte y hasta el lugar donde te ejercitas.

A algunas personas les va mejor con ejercicios sencillos y de concentración, mientras que otras requieren actividades vigorosas.

Experimenta caminando, corriendo, montando bicicleta, jugando tenis, nadando, tomando una clase de yoga, Pilates, TRX, baile o simples ejercicios de fuerza, como plancha y sentadilla. Tus opciones son infinitas. Cuando encuentres lo que funciona para ti, será más probable que lo hagas de forma consistente y puedas cosechar los beneficios, incluyendo un aumento de energía, una mejor claridad mental, una óptima salud digestiva y un mejor estado de ánimo.

Piensa qué te gustaba hacer de pequeña. ¿Bailabas, montabas bicicleta, te la pasabas en una piscina o ibas de excursión? Practica zumba, spinning, natación o ejercítate al aire libre. Pregúntate también si te gustan las actividades rápidas o si prefieres un ritmo más sosegado. ¿Al aire libre o en espacios cerrados? ¿Te gustan los deportes en equipo o prefieres una actividad individual? Estas preguntas te ayudarán a descubrir qué tipo de ejercicio es mejor para ti. Lo importante es ¡MOVERSE! Si te agrada estar cerca de grupos de personas, te podrían gustar los deportes en equipo o hacer clases en grupo para que tengas la ventaja adicional de compartir con la gente.

También es importante buscar el momento del día para hacer ejercicio que sea más fácil para ti. Yo lo hago apenas me levanto, porque si no lo hago en ese momento, después se me complica el día y me quedo sin hacer nada. Me gusta hacer ejercicios en la mañana luego de tomarme mi vaso de agua con limón. Mucha gente se sorprende cuando les comento que me voy en ayunas y desayuno después de entrenar. Lo hago porque, si como algo antes, siento que se revuelve mi estómago y me dan náuseas. Sin embargo, cuando dejo pasar un par de horas antes de ejercitarme, me tomo un jugo verde o una fruta.

Este tema es muy controversial; hay cientos de estudios que sugieren comer algo antes de hacer ejercicios y otros cientos más que hablan de las bondades de ejercitarse con el estómago vacío. Una de esas bondades es que puedes quemar más grasas y que ayuda a mantener los niveles de insulina balanceados, lo que influye de manera positiva en tu peso y en tu salud, por lo que sería bueno que lo probaras.

Sin embargo, tienes que tomar en cuenta que no todo el mundo puede hacerlo. Hay personas que son más sensibles a los cambios en sus niveles de azúcar en la sangre y pueden sentirse mareadas o con debilidad.

Siempre les digo a mis coachees que lo más importante es aprender a escuchar tu cuerpo. No todos somos iguales; si fuera así, ya tendríamos la fórmula perfecta para mantenernos todos fit. Si necesitas comer algo antes de entrenar, incluye siempre una proteína y algún carbohidrato; puede ser un yogurt griego con fresas, un jugo verde, una arepa con pollo y aguacate, una rebanada de pan pan esenio elaborado con legumbres y cereales germinados, con huevos o mantequilla de almendras.

Sin embargo, así como algunas personas prefieren hacer ejercicio a primera hora de la mañana, otras prefieren hacer ejercicio durante el resto del día. No hay nada correcto o incorrecto en esto, solo es cuestión de preferencia personal, y de tu conveniencia y comodidad. Por eso, es importante buscar un gimnasio o un estudio cerca de tu casa o de camino a la oficina, donde puedas ejercitarte. El lugar debe ser agradable, cómodo y acogedor. También es importante hacer click con la persona que te va a entrenar. Esto aumentará tus posibilidades de ir regularmente.

Para mí, practicar Pilates y tenis son mis ejercicios perfectos. Voy a Pilates 3 veces a la semana. Allí, durante una hora trabajo cada músculo de mi cuerpo con resistencias, lo que me ayuda a mantenerme tonificada, fuerte y flexible. Al mismo tiempo, fortalezco los músculos de mi espalda y abdomen, formando un corsé natural que ayuda a mi equilibrio. Y lo hago en un ritmo —si se quiere— lento, que me permite conectarme con mi respiración y con mi ser.

Los beneficios podrás verlos cuando practiques ejercicio con frecuencia. A mí me ha cambiado el cuerpo, sobretodo en el área del abdomen y los brazos, que tendían a cierta flacidez; hoy los tengo bastante tonificados y definidos. El otro día, saliendo de una fiesta "entaconada", me tropecé con un desnivel en el asfalto que me hizo doblar el pie, perdiendo por un momento el balance.

Mi cuerpo se fue hacia un lado y por un instante pensé que iba a caer; sin embargo, gracias a la fuerza de mi corsé abdominal, pude retomar el equilibrio y seguir caminando con tranquilidad. Una chica que iba detrás y vio todo me dijo: "No sé cómo no te caíste, ¡te vi en el suelo!". Yo la miré sorprendida y le dije con mi mejor sonrisa: Creo que no me caí porque llevo años practicando athletic Pilates con la mejor profesora, Stephanie Brock, en su maravilloso estudio en Fort Lauderdale".

Por otro lado, el tenis (empecé a los 50 a jugar en una liga en Fort Lauderdale), me da la oportunidad de estar al aire libre, cosa que me encanta. Además, al ser en equipo, socializo y comparto con otras personas, algo que me llena de energía. Una vez que encuentres lo que de verdad funciona para ti y comiences a notar los beneficios, el ejercicio será como tu segunda naturaleza y tu cuerpo te lo agradecerá mucho.

El ejercicio también produce la hormona que nos ayuda a sentirnos bien, la serotonina, la cual tiene un efecto estimulante en todo el cuerpo. Descubre lo que te gusta y aférrate a eso.

UNO DE LOS MÁS FRECUENTES ERRORES AL COMENZAR A HACER EJERCICIOS ES HACER DEMASIADO EN MUY POCO TIEMPO. PORQUE MUCHAS VECES DE LA INTENSIDAD SOLO QUEDA EL CANSANCIO.

He conocido a muchas mujeres que quieren retomar su rutina de ejercicios, y se empeñan en ir los 7 días de la semana al gimnasio. Por supuesto, a las 2 semanas están que no pueden con su alma o lesionadas por tanto esfuerzo, y quieren dejarlo todo. Es preferible comenzar "pasito a pasito", caminando 15 minutos todos los días o media hora tres veces por semana, e ir aumentando poco a poco. Lo ideal es dedicar un mínimo de 150 minutos a la semana. Yo me ejercito un promedio de 250 minutos, pero no comencé así.

DALE VIDA —————— A LOS AÑOS

EL EMPODERAMIENTO COMIENZA EN NUESTROS MÚSCULOS.

- Gloria steinem

Hacer ejercicios es lo mejor que puedes hacer para darle vida a los años. Así como algunos alimentos nos protegen de enfermedades del corazón, cáncer y diabetes, la actividad física regular tiene su propia lista de beneficios para la salud. Sin el ejercicio, se te hará difícil llegar a tu potencial físico y mental, y alcanzar el bienestar general.

Algunos de estos beneficios son:
- Refuerza tu energía
- Mantiene tu cuerpo tonificado
- Controla tu peso
- Cambia tu estado de ánimo y autoestima
- Aumenta la actividad cerebral y la función cognitiva
- Reduce la presión sanguínea
- Incrementa la calidad del sueño
- Retrasa la pérdida de masa y fuerza muscular
- Intensifica el equilibrio, la flexibilidad y la coordinación
- Mejora la digestión
- Aminora el riesgo de sufrir osteoporosis
- Atenúa la tensión de las articulaciones y el dolor de espalda
- Disminuye la incidencia de enfermedades del corazón
- Reduce la inflamación
- Optimiza la función inmune y previene las enfermedades
- Mitiga los síntomas de la depresión, la ansiedad y el estrés
- Hace que tu piel luzca más suave y luminosa.

"¡No tengo tiempo para hacer ejercicios!". Este es el argumento más común que encuentro entre mis coachees. También me dicen: "Yo lo tenía todo planeado, pero me salió otra cosa y no pude". Cuando no encuentras el tiempo y pospones tus ejercicios por otra actividad, significa que estás colocando la otra actividad como una prioridad en tu vida. Es importante saber que todo lo que hagas hoy va a hacer a tu futura yo, que mantener cómoda a la yo actual puede traer sus consecuencias.

SUDA, SONRÍE Y REPITE ESTE MANTRA: "NO VOY A DEJAR QUE EL TRABAJO, LAS DILIGENCIAS, LOS COMPROMISOS Y LAS FIESTAS ME ALEJEN DE MI RUTINA DE EJERCICIOS. AMÉN".

Coloca la actividad física como una prioridad en tu vida, y establece un horario con días y fechas para ello.

Cómprate una agenda y organiza tu tiempo, selecciona las horas que vas a dedicar a hacer ejercicio para empezar, marca esos espacios para que no interfieran con tu trabajo diario y manténlas sagradas. Recuerda que siempre tienes tiempo para lo que es importante para ti. Si tu salud es para ti una prioridad, si quieres alargar lo más que puedas tu movilidad, si deseas vivir con calidad de vida, dale el lugar que se merece a esta actividad y regálate un estilo de vida saludable y feliz. Deja de una vez por todas las excusas y ¡muévete! Porque la segunda parte de tu vida puede ser aún mejor que la primera. Sé tú la prioridad! ¡Haz del ejercicio una parte importante de tu vida!

PIERDE PESO, PIERDE GRASA

¿Quieres perder peso y no sabes qué tipo de ejercicio es el mejor para quemar grasa?

¡Haz ejercicios aeróbicos de alta intensidad en intervalos (HIIT)!
Un estudio de la Universidad de Laval en Quebec (Canadá) llevado a cabo por el Dr. Angelo Tremblay y sus colegas del Laboratorio de Ciencias de las Actividades Físicas mantiene que puedes quemar hasta nueve veces más calorías que en un ejercicio aeróbico convencional ¡en la mitad del tiempo! La razón es que, con el método HIIT, el cuerpo sigue quemando calorías hasta por 48 horas, convirtiendo a nuestro metabolismo en un horno quema-grasa.

El método HIIT o "entrenamiento de intervalos de alta intensidad" se basa en la realización de series de ejercicios de intensidad alta o muy alta con periodos de recuperación de más baja intensidad. Se trata de, por ejemplo, montar bicicleta pedaleando a la máxima potencia con resistencia o correr en la caminadora con una gran inclinación por 30 segundos y tener un descanso activo 3 veces el tiempo del trabajo, o sea, minuto y medio, repitiendo el proceso por unos 20 minutos (y no por 40 minutos como el cardio convencional).

Con este tipo de ejercicios, son más las calorías quemadas y menos la grasa en nuestro cuerpo (¡oh, sí!) en mucho menos tiempo. Recuerda, la actividad física puede tener formas simples y modestas. Por ejemplo, puedes bajarte del metro o del autobús una parada antes y caminar hasta tu destino. También puedes tomar las escaleras en lugar del ascensor, cuando vayas a tu oficina o casa. Incluso puedes llevar de paseo a tu perro o ir con tus hijos al parque.

Caminar es el ejercicio más democrático que conozco. Todo el mundo lo puede hacer, no cuesta nada, lo puedes hacer en cualquier lugar, y lo único que tenemos que poner son las ganas y nuestro tiempo. Si te sientes fuera de forma, puedes comenzar dando poco a poco, digamos una caminata en la mañana de 15 minutos. Luego puedes agregar otra en la noche o ir aumentando gradualmente, 5 minutos cada semana hasta llegar a 45 minutos o una hora.

"EL CUERPO SANA 8 VECES MÁS RÁPIDO CUANDO TE EJER- CITAS REGULAR- MENTE"

— KRIS CARR,
CRAZY SEXY CANCER SURVIVOR

EL EJERCICIO: MEDICINA CONTRA LA OSTEOPOROSIS ——————

Para nosotras, las mujeres después de los 50 que queremos hacer que la segunda parte de nuestras vidas sea aún mejor que la primera, es indispensable hacer ejercicios de resistencia, como Pilates, TRX, trabajo con ligas o con pesas, ya que desde que cumplimos 30 estamos perdiendo masa muscular y la única forma de detener ese proceso de envejecimiento es haciendo ejercicios para el fortalecimiento muscular.

También, es bueno recordar que lo que sostiene a los huesos son los músculos, lo que significa que, a buena masa muscular, buena salud ósea y una vida plena, sin limitaciones. Si quieres alargar tu movilidad, incluye en tu entrenamiento un par de mancuernas ligeras o bandas de resistencia para ayudar a prevenir la osteoporosis. Ten presente que lo importante es mantenerte activa y saludable, haciendo una actividad física que te guste y que puedas realizar con regularidad.

DESCANSA, DUERME Y RECUPERATE

LA EVIDENCIA SE ENCUENTRA A NUESTRO ALREDEDOR. POR EJEMPLO. ¿SABES QUÉ SUCEDE SI ESCRIBES LAS PALABRAS "POR QUÉ YO" EN GOOGLE? ANTES DE QUE PUEDAS ESCRIBIR LA SIGUIENTE PALABRA. LA FUNCIÓN DE AUTOCOMPLETAR DE GOOGLE. BASADA EN LAS BÚSQUEDAS MÁS COMUNES. TE SUGIERE COMO PRIMERA OPCIÓN: "¿POR QUÉ ESTOY TAN CANSADA?" EL ESPÍRITU DE LA ÉPOCA SE CAPTURÓ PERFECTAMENTE EN ESAS CINCO PALABRAS. ES EL GRITO EXISTENCIAL DE LA ERA MODERNA.

— Arianna Huffington,

Dormir bien es uno de los secretos para alargar la juventud, vivir de manera plena y hacer que la segunda mitad de tu vida sea aún mejor que la primera.

Mi familia de parte de mi mamá es conocida por ser nocturnos y por dormir muy bien. Son de ese tipo de personas a quienes puedes llamar pasada la medianoche, pero a quienes no te atreves a molestar antes de las diez de la mañana. Las mujeres de la familia también son reconocidas por lo buenas mozas que son. No sé si esa es la razón, pero creo que dormir bien es parte del secreto para mantenernos jóvenes y vitales.

La abuela de mi esposo, una mujer que vivió intensamente hasta el día en que murió a los 96 años, con una vitalidad y una mente envidiables, dormía corrido unas 8 horas. Recuerdo una oportunidad, hace muchos años, cuando mis hijos eran pequeños, en la que pude compartir con ella varios días en la casa de campo de una de mis cuñadas.

Durante ese tiempo, pude observar que su patrón de sueño era parecido al de un niño: se acostaba alrededor de las diez u once de la noche y se levantaba a las ocho y media o nueve de la mañana. En esa época, todos estaban hablando de la melatonina para recuperar los patrones de sueño. Al ver que aparentemente dormía unas diez horas, decidí preguntarle si dormía corrido, si se levantaba descansada y si tomaba algo que la ayudara a dormir. Ella me respondió que solo se despertaba una vez para ir al baño y que sí, ella sentía que se despertaba recuperada del día anterior. A la última pregunta me respondió, con una pícara sonrisa, que su única pastilla eran sus dos whiskies todas las noches.

En mi caso, dormir bien es vital tanto para mi salud física como para la emocional. El sueño es más importante de lo que piensan la mayoría de las personas. Dormir por lo menos 7 horas corridas, sin despertares y sin fragmentación a lo largo de la noche, es esencial para tener energía, pensar bien, sentirte de buen ánimo y tomar las decisiones correctas al día siguiente. De hecho, el expresidente Bill Clinton, conocido por dormir solo 5 horas cada noche, admitió en una oportunidad que cada error importante que había cometido en su vida lo había hecho porque estaba demasiado cansado por falta de sueño.

LA SOCIEDAD EN QUE VIVIMOS NOS HA HECHO CREER QUE DORMIR ES UNA PÉRDIDA DE TIEMPO. POR LO QUE HEMOS SUBVALORADO LOS BENEFICIOS DEL DESCANSO Y LO HEMOS COLOCADO COMO LA ÚLTIMA DE NUESTRAS PRIORIDADES.

El ritmo de vida actual y la "adoración" que sentimos por el trabajo y por estar ocupados siempre han hecho que muchos se sientan orgullosos de poder decir que solo duermen 5 horas todas las noches. El problema es que, con el tiempo, esos patrones llegan a convertirse en hábitos, y muchos terminan padeciendo trastornos de sueño. Sin embargo, en esta era de aceleración y conexión permanente, de prisas y agobios, disfrutar de un sueño reparador es más difícil y necesario que nunca.

La fundadora del Huffington Post, Arianna Huffington, afirma en su libro La revolución del sueño: "Estamos viviendo una crisis de sueño con consecuencias nefastas en nuestras relaciones, nuestro trabajo y nuestra felicidad". Dormir bien es tan importante como llevar una buena alimentación. Tanto a nivel físico como psicológico, un mal descanso tiene consecuencias negativas sobre el cuerpo y el cerebro, además de que favorece el desarrollo de enfermedades.

A nivel físico, un descanso nocturno inadecuado provoca cansancio, somnolencia, disminución de nuestro sistema inmunológico (te puedes enfermar fácilmente), pérdida de atención, memoria y concentración, lentitud de pensamiento e irritabilidad. A nivel psicológico, la privación crónica de sueño te hace sentir muy emocional e hipersensible, al mismo tiempo que suele favorecer el desarrollo de enfermedades, como la depresión y la ansiedad.

El dormir bien se vuelve un tema después de los 50. Son muchas las personas que tienen problemas para dormir. Es común pensar que en esta etapa necesitamos dormir menos, nada más falso. La necesidad de dormir que tiene cada una de nosotras se mantiene más o menos igual a lo largo de la vida. Sin embargo, todos hemos visto que, con el tiempo, los patrones de sueño tienden a cambiar; nos cuesta trabajo dormir o mantenernos despiertos, dormimos menos horas, y tenemos un sueño más liviano, lo que nos impide recuperarnos de las actividades del día anterior. Como resultado, es posible que te sientas cansada y agobiada todo el tiempo.

Una de las razones de no poder conciliar un sueño reparador es que, al envejecer, el cuerpo produce niveles más bajos de hormona del crecimiento, lo que hace que haya una disminución del sueño profundo. Esto significa que, después de los 50, es muy posible que experimentes un sueño más fragmentado.

Asimismo, las mujeres somos más propensas a tener problemas no solo para conciliar el sueño, sino que, debido a la baja de progesterona y estrógeno, podemos despertarnos a mitad de la noche empapadas en sudor, para después no encontrar la forma de volver a conciliar el sueño. Si al acostarte no encuentras la postura y se te pasa el tiempo mirando el despertador, te sugiero que compartas tu problema con tu médico, ya que este puede ser causado por problemas de desbalance hormonal.

Muchas veces, la desesperación por no poder conciliar el sueño te puede llevar a caer en la tentación de comenzar a tomar pastillas para dormir. ¡Cuidado! Estas pueden ser muy adictivas. De hecho, en una conversación reciente con un amigo que dirige un centro de rehabilitación muy conocido para adicciones, ubicado a las afueras de Caracas, me comentó que la mayor adicción entre mujeres mayores de 45 años no era el alcohol, el cigarrillo ni otras drogas. La mayor cantidad de pacientes de esa edad son adictas a algo mucho más accesible, como son los analgésicos (painkillers) y las pastillas para dormir.

Además de la relación de la falta de sueño con muchos problemas de salud, también se la ha relacionado, para colmo, con la obesidad. Cuando no duermes lo suficiente, es mucho más probable que comas todo lo que se te atraviese y que tus opciones sean comida chatarra. Esto pasa debido a que la falta de sueño afecta tus niveles hormonales, haciendo que tu cerebro no pueda reconocer cuándo estás lleno. El problema es que las hormonas que controlan tu apetito pierden el equilibrio.

La ghrelina es conocida como la "hormona del hambre", pues es la responsable de estimular el apetito. La leptina, por otro lado, se encarga de informar al cerebro cuando el cuerpo está lleno. La falta de sueño causa un aumento en los niveles de ghrelina, lo que le indica al cerebro que tiene hambre, al tiempo que reduce los niveles de leptina, lo que hace que te mantengas con apetito todo el tiempo, incluso cuando acabas de comer.

Como ves, el sueño afecta todo, lo que implica que la función original del sueño no es organizar recuerdos o consolidar aprendizajes, sino preservar la vida misma. Es una ley natural evidente que ningún ser vivo, sea del tamaño que sea, puede tener la misma energía las 24 horas del día. Para mantenernos saludables, con vitalidad y entusiasmo, tenemos que hacer del sueño nuestra prioridad y crear hábitos que nos ayuden a ello.

RITMO CIRCADIANO

Es importante conocer cómo el ritmo circadiano puede afectar nuestros patrones de sueño. El ritmo circadiano se refiere a los cambios físicos, mentales y conductuales que siguen un ciclo diario y que responden, principalmente, a la luz y la oscuridad en el ambiente de un organismo. Dormir cuando el sol se pone y estar despierto durante el día es un ejemplo de un ciclo circadiano relacionado con la luz.

Durante siglos, el ser humano bajaba el ritmo de sus actividades al anochecer, dormía más de 8 horas y se despertaba con el alba. Hoy, gracias a la electricidad, nuestro sistema de vida ha cambiado: pretendemos estar activos al máximo y dormir lo menos posible. La razón es que la luz puede adelantar o atrasar ese reloj, ya que somos particularmente sensibles a la luz azul (de onda corta), la que nos ilumina con el sol de mediodía y la de las pantallas de los ordenadores.

La luz azul durante la noche perturba nuestro ciclo, cuando necesitamos que la oscuridad nos dé la pista de que es hora de dormir. Si nuestro ritmo circadiano está en sincronía con el ciclo de luz diurna y oscuridad, y si la glándula pineal segrega melatonina desde la base del cerebro para señalarnos que es de noche, entonces nuestras neuronas se duermen enseguida. Mientras más estemos en armonía con la naturaleza, el sueño será más fácil de conciliar y será más reparador.

No sé si se han dado cuenta, pero la gente nocturna, como yo, puede que se sienta soñolienta alrededor de las 8 de la noche, pero agarra un "segundo aire" como a las 10:00 pm, para evitar acostarse a esa hora. En mi caso particular, aunque siempre he dormido bastante bien (no tengo que pararme a media noche para ir al baño como la mayoría de mis amigas), con los años me he dado cuenta de que ahora me toma un poco más de tiempo conciliar el sueño, el cual es más ligero, y a veces me despierto a mitad de la noche.

Creo que una de las razones es mi desincronización con el reloj circadiano. Por esto, y porque en el 2017, 3 investigadores fueron galardonados con el Premio Nobel por entender y explicar el rol de el ritmo circadiano en la salud y en la prevención de enfermedades, una de mis resoluciones de este año es irme a la cama a las 10:00pm, leer un libro por una hora y apagar la luz a las 11:00pm. Lo voy a hacer adelantando 15 minutos cada semana hasta llegar a mi meta, que no es la mejor, ya que si seguimos al pie de la letra nuestro ritmo circadiano, estaríamos durmiendo a más tardar a las nueve de la noche; pero, para mí, significa un gran avance.

PARA DORMIR MEJOR

Si tienes problemas para conciliar el sueño por la noche, te recomiendo estos consejos prácticos que te ayudarán a dormir mejor:

1. Mantén una rutina diaria
Levántate y acuéstate siempre a la misma hora, por lo menos durante la semana, según tu reloj circadiano.

2. Ejercítate regularmente
Pero no lo hagas muy tarde, porque el cuerpo necesita tiempo para "enfriarse".

3. Lleva una dieta llena de alimentos "vivos" y evita los procesados
Incluye alimentos que contengan triptófano, un aminoácido que favorece la absorción de serotonina y melatonina, dos hormonas que mejoran el estado de ánimo y regulan el sueño, como plátanos, almendras, cerezas, avena y pollo.

4. Reduce el consumo de café, alcohol, tabaco o té
Evita la cafeína después de las 3 de la tarde. Cuídate del alcohol porque, aunque parezca que te relaja y que te hacer dormir rápidamente, si tomas de más el sueño no es de calidad y te despertarás a mitad de la noche.

5. Prepárate una infusión

Puede ser de valeriana, camomila, lavanda o tilo. Favorecen el sueño, pues tienen propiedades relajantes.

6. Prueba tomar magnesio y complejo B

La mayoría de las personas presentan déficit de este valioso mineral que, junto a la vitamina B, nos ayuda a calmar los nervios y a relajar los músculos.

7. Agradece

Pon tu atención en las cosas buenas que ocurrieron en el día, da gracias por cada una de ella y evita todo pensamiento que te lleve o mantenga en un estado de ansiedad.

8. Utiliza aceites esenciales

La lavanda es de las hierbas más populares para conciliar el sueño y ha sido utilizada a lo largo de la historia para curación y relajación.

¡PRE GÚN TATE!

SI ERES DE LAS QUE TODAVÍA NO HA PODIDO CONSTRUIR UNA RUTINA DE EJERCICIOS, ESTAS PREGUNTAS TE PUEDEN AYUDAR:

⌀ Piensa qué te gustaba hacer de pequeña. ¿Qué actividad física hacía que se te pasaran las horas volando?

⌀ De adulta, ¿algún ejercicio te mantuvo activa por más de 4 meses?

⌀ ¿Te gustan los deportes de competencia en grupo o individuales?

⌀ ¿Prefieres los ejercicios en grupos guiados o hacerlos por tu cuenta?

⌀ ¿Prefieres los ejercicios de ritmo rápido o sosegado?

⌀ ¿Si pudieras escoger, te ejercitarías en la mañana o al final de la tarde?

⌀ Planeas con tiempo y agendas un tiempo para hacer ejercicio?

⌀ Después de hacer ejercicio, ¿cómo sientes tu energía? ¿Duermes mejor? ¿Sientes algún impacto en tus hábitos alimenticios?

Luego, tómate un tiempo, reflexiona y pregúntate cuál es la verdadera razón por la cual quieres agregar el ejercicio en tu vida y para qué deseas estar más activa. Esta respuesta debe tener un significado importante para ti; es la que te va a recordar la razón por la que haces lo que haces y te va a motivar a seguir adelante.

PARA MEJORAR TU RUTINA DE SUEÑO, HAZTE LAS SIGUIENTES PREGUNTAS:

¿A qué hora te acuestas y te despiertas normalmente?

¿Tienes algún ritual antes de irte a la cama?

¿Cuántas horas duermes regularmente?

¿Cuánto tiempo te lleva a quedarte dormido?

¿Cuántas veces te despiertas?

¿Dedicas un tiempo (agendado) para descansar y recuperarte durante la semana?

¿Te sientes recuperado y con energía cuando te despiertas por las mañanas?

CAPÍTULO

"CULTIVA RELACIONES SALUDABLES Y SÉ FELIZ"

MUCHAS VECES NO SOMOS FELICES PORQUE ESTAMOS OCUPADOS TRATANDO DE AGRADAR A LOS OTROS O ENCARGÁNDONOS DE RESPONSABILIDADES EQUIVOCADAS, QUE PERTENECEN A TERCEROS.

— Bernardo Stamateas, Gente Tóxica

Ortega y Gasset escribió la famosa frase "Yo soy yo y mis circunstancias", la cual esconde una gran verdad, porque generalmente la gente nos clasifica como: "la hija de", "la madre de", "la amiga de", "la cuñada de". Somos lo que son nuestras relaciones, pero no hay que olvidar que la primera relación y circunstancia que debemos cultivar no es ser "la hija de", "la madre de", "la amiga de", "la hermana de", sino el "soy yo": la relación contigo misma.

La relación contigo es tu ancla, y muchas veces por estar viviendo hacia afuera descuidamos esa relación, y ya no nos conocemos. Sin embargo, ahora quiero hablar del otro tipo de relación, la que llevamos con los demás.

Hay relaciones que simplemente son tóxicas, que te desgastan, te alteran, te debilitan y que te hacen sentir lo peor de este mundo. Todos hemos vivido en alguna oportunidad una relación en la que siempre nos toca perder. Como le escuche una vez a mi hermana, hay relaciones en las que, a pesar de todo el esfuerzo, ganas y dedicación que le pongas, nunca vas a sacar la máxima calificación, nunca será suficiente, hagas lo que hagas. El problema es que, cuando tú estás sumergida en una relación así, no te das cuenta de ello y sigues "trabajando" con constancia para conseguir la aprobación de esa persona.

Como el caso de mi amiga Luisa (el nombre es ficticio). Desde pequeña tuvo una relación difícil con su madre, quien pretendía y exigía que su hija actuara como ella. Su madre quería modelar a Luisa a su imagen y semejanza, pero esa no era su esencia. Mientras a su madre le encantaba socializar, Luisa prefería quedarse en casa. La madre insistía en vestirla con trajes almidonados y llenarla de lazos. Karen no era para nada coqueta y quería usar ropa cómoda.

Desde su infancia empezaron a existir fricciones entre ambas personalidades, tan distintas, por lo que discutían a cada rato. Esto afectó mucho la autoestima de Luisa, hasta que luego de muchos años de trabajo personal entendió que, aunque su madre la amaba intensamente, nunca sería suficiente para ella. Aceptó que el problema no era de ella, sino de su mamá. Dejó de tomarlo como algo personal, se perdonó y perdonó a su madre, lo que le trajo paz, y hoy mantienen una mejor relación.

En general, las relaciones tóxicas provienen de personas que nos importan y mucho, por eso son tóxicas, porque tienen poder sobre nosotros, uno que nosotros mismos les hemos concedido. Este tipo de relaciones suceden casi siempre dentro de la pareja, entre padres e hijos, entre madres e hijas, entre hermanos, entre los jefes y sus empleados, gente que consideramos importante.

CELEBRA CADA RELACIÓN QUE HAYAS TENIDO. PARA BIEN O PARA MAL, TUS RELACIONES SON TUS MEJORES MAESTROS

— CHRISTIANE NORTHRUP,
CÓMO EVITAR A LOS VAMPIROS
ENERGÉTICOS

RELACIONES SALUDABLES
Y TÓXICAS

Es importante distinguir qué tipo de relaciones tienes con las personas importantes en tu vida, si son saludables o tóxicas. Una relación saludable está basada en el respeto y la honestidad entre dos seres independientes que consideran que tienen el mismo valor; es aquella relación que te aporta, te nutre, te da paz, te regocija y te alegra la vida, en la que ambos se tratan con respeto, hablan abiertamente sobre lo que piensan y sienten, y se sienten escuchados al expresar sus sentimientos.

Una relación tóxica está basada en el poder y el control, no en la igualdad y el respeto. Es aquella que te quita la paz, que te chupa la energía, que es imposible de complacer, que te cansa y te hace sentir culpable, que hace que tu vibración cambie, que ataca tu autoestima y te hacer sentir siempre inadecuada. Es una relación que te produce sentimientos como tristeza, dolor, impotencia y resentimiento.

En definitiva, se trata de una relación en la que una o ambas partes sufren, más de lo que gozan, por el hecho de estar juntas. Los miembros se ven sometidos a un gran desgaste emocional con el objetivo de convencerse a ellos mismos que pueden salvar esta unión. Y, tal vez no lo notes, pero cada vez que estás junto a estas personas "tóxicas" tu nivel de estrés negativo (cortisol) sube, y eso es bastante malo. El estrés negativo afecta tu capacidad de muchas maneras, incluyendo tu trabajo, tu nivel de concentración, tu forma de comunicarte y hasta puede afectarte el sueño, tu sistema digestivo y tu sistema inmune.

Sea como sea la relación, quiero decirte que tú no tienes el control sobre lo que los demás piensan de ti, pero sí sobre lo que tú pienses de ti misma. Detente a pensar sobre esto: ¿por qué mantienes esta relación? ¿Te hace sentir feliz y confiada o, al contrario, daña tu autoestima y te hace sentir mal? Tú también puedes cambiar lo que piensas de esas personas. Es importante, después de los 50, reunirnos y llenarnos con gente que nos aporta, que nos hace sentir felices, y alejarnos de las personas que nos restan y nos desgastan.

Si detectas, de cualquier forma, una relación que te está intoxicando, dile adiós o pon distancia. Es una falacia pensar que esa persona cambiará o que tú harás que cambie. Una buena manera de ayudarte a ponerle fin a esa unión tóxica es escribir todo lo que obtienes de esa relación, lo bueno y lo malo. Luego imagina una balanza donde pones de un lado lo bueno (toda relación tiene algo bueno) y todo lo que ganas con esa relación. En el otro lado, coloca lo malo que percibes y lo que pierdes con esa relación. Nota qué lado de la balanza pesa más. Saber lo que recibimos de una relación puede ser el principio para cambiarla.

Sin embargo, estoy consciente de que hay ciertas relaciones que, aunque sabemos que nos hacen daño, debemos mantener, aunque sea por un tiempo. Por ejemplo, cuando se trata del jefe o, más importante aún, cuando son relaciones familiares. Déjame decirte que la mejor manera de resolver el conflicto y recobrar tu paz, que al fin y al cabo es lo más importante, es preguntándote: "¿Qué tengo que aprender de esta relación? ¿Qué me está enseñando?". Muchas veces este tipo de experiencias son las que nos hacen crecer y evolucionar. Después de responder estas preguntas, y que estas tengan sentido para ti, trata de perdonar a la persona que te hirió, sobre todo si es familia.

LA MAYORÍA DE LAS PERSONAS USUALMENTE HACEN LO MEJOR QUE PUEDEN CON LO QUE TIENEN Y NO PUEDEN DAR LO QUE NUNCA HAN TENIDO.

Perdónate a ti también, y suelta. Si no consigues respuestas que calmen tu alma, te sugiero mantener esa relación de manera superficial, limitada solo a encuentros casuales inevitables. Siempre he dicho que mi paz no tiene precio. Sin embargo, como a todos, a veces hay personas que crean situaciones que me la quitan. Cuando eso me pasa, uso Ho'oponopono.

HO'OPONOPONO

El ho'oponopono es una técnica de sanación que parte de la premisa de que todo el universo es una unidad. A partir de aquí, hace el siguiente razonamiento: si todo es una unidad, significa que yo soy todo el universo. Y si yo soy todo el universo, yo tengo la responsabilidad de todo lo que sucede.

Es una afirmación muy potente. Significa que no somos responsables únicamente de nuestra vida y de lo que nosotros hacemos, sino que somos responsables de todo. Es una idea muy impactante. La primera vez que uno la oye, cuesta digerirla. Una parte de nosotros grita: "¿Cómo va a ser responsabilidad mía? ¡Yo no tengo nada que ver!". Pero si reflexionamos con serenidad y humildad, no podemos más que reconocerlo. Claro que somos responsables. Todos somos uno. Somos parte de la unidad.

Una vez que aceptamos este hecho, el ho'oponopono nos ofrece un camino muy bonito para sanar cualquier situación. Se basa en dos pasos muy simples. El primer paso es asumir la responsabilidad del hecho que queremos sanar. Por ejemplo, si estamos en una situación tóxica, tenemos que reconocer que todos estamos unidos y que, por lo tanto, somos responsables. Y luego, simplemente, le pedimos a Dios y al universo que sanen todo lo que hay en nosotros que ha causado esa situación.

Creo que es importante remarcar que el ho'oponopono no dice que seas el único responsable de todo lo que sucede. Simplemente dice que, al estar unido con todo el universo, eres responsable. Y que, si quieres, puedes asumir la responsabilidad para sanarlo, pero es un acción voluntario. Tú decides si quieres hacerlo. Es un acto de gran madurez, humildad y amor. Si no lo has probado nunca, ya verás que produce una gran liberación y una gran paz. Particularmente, cuando uso esta técnica, siento que cambio mi frecuencia vibratoria y la elevo.

Para poner en práctica el ho'oponopono, cada vez que estés en alguna situación dolorosa para ti o para alguien más (si te sientes herida por alguien, ves a una persona que sufre, te cuentan una mala noticia, etc.), asumes la responsabilidad del hecho y luego te diriges a Dios/Universo y le dices: "Perdóname y sana lo que hay en mí que ha causado esta situación".

ES ASÍ DE SENCILLO. NO HACE FALTA HACER MÁS.

La versión "oficial" del ho'oponopono recomienda dirigirse a la Divinidad y usar especialmente las frases "LO SIENTO", "PERDÓNAME", "GRACIAS" Y "TE QUIERO", pero puedes usar las que quieras. Lo importante es asumir la responsabilidad del hecho y pedir que se sane lo que hay en nosotros que lo ha causado.

Al repetir "lo siento", no se habla de culpa ni pecado, sino de ser responsable de esa memoria interna que atrae problemas. "Perdóname" pretende la reconciliación contigo misma por haber traído una situación dolorosa. "Te amo" transmuta la energía bloqueada y permite que siga fluyendo. "Gracias" expresa la fe, en que todo será resuelto de la mejor manera para los involucrados.

El ho'oponopono promete neutralizar la energía que asocias a una determinada persona, lugar o cosa. Lo cierto es que las personas que nos rodean nos afectan muchísimo. Como te comentaba en otro capítulo, hay estudios que afirman que somos la suma de las 5 personas con la que pasamos más tiempo. Yo tengo un grupo de amigas muy queridas con las que estudié la primaria y el bachillerato. Somos muy diferentes entre nosotras, hay rubias, de pelo negro, blancas y de piel dorada; sin embargo, es común que nos pregunten que si somos hermanas. De hecho, mi sobrina dice que somos igualitas, que tenemos el mismo estilo y que nos vestimos de manera muy similar.

La influencia de las personas con las que pasamos la mayoría del tiempo va mucho más allá que el aspecto externo; en general, compartimos los mismos valores y hábitos. Reflexiona sobre cuáles son esas personas con las que pasas mucho tiempo, pregúntate: ¿quiénes son esas personas? ¿Qué cualidades tienen? ¿Cuáles son sus debilidades? ¿De qué carecen? Es muy probable que, al responder estas preguntas, encuentres mucho de ti en las respuestas y te indiquen el camino para seguir cultivando tu mejor versión.

En nuestras vidas tenemos muchos grupos con los que compartimos. Están la familia, los amigos y los compañeros de trabajo, por solo nombrar los más importantes. Usualmente, cada grupo con quienes pasas un tiempo importante en tu vida comparte una misma pasión y, dentro de ellos, se encuentran personas que son tus anclas y otras que son tus propulsoras o motores.

LAS PERSONAS ANCLAS NOS APORTAN ESTABILIDAD Y NOS DAN SENTIDO DE PERTENENCIA. ADEMÁS DE TRANQUILIDAD Y PAZ.

El problema es que no les gustan los cambios; quieren mantenerse siempre en el mismo lugar, por lo que se centran en todo lo que puede ir mal en relación con los desafíos. El mejor ejemplo de personas anclas son los padres que, en su afán de proteger a los hijos, los alejan de cualquier cosa que pudiera perturbarlos, prefiriendo mantenerlos en su zona de confort.

Cuando les presentas un proyecto, la persona ancla generalmente te aturde con una serie de preguntas: ¿cómo vas a hacer eso? ¿Cuánto te va a costar? ¿Vas a arriesgar lo que has conseguido por eso? ¿Para qué? Y terminan con: TÚ NO TIENES NECESIDAD DE ESO. NO CREO QUE ESO FUNCIONE... Y ASÍ PASAS DEL ENTUSIASMO A LA DESILUSIÓN.

LAS PERSONAS PROPULSORAS SON AQUELLAS QUE NOS EMPUJAN Y NOS ANIMAN A ACEPTAR LOS RETOS QUE NOS LLEVAN A CONSEGUIR AQUELLO QUE QUEREMOS. QUE SE ENTUSIASMAN CUANDO LES PRESENTAS UN PROYECTO DE MANERA POSITIVA Y SE CENTRAN EN LAS SOLUCIONES DE LOS PROBLEMAS QUE PUDIERAN APARECER. SON PERSONAS QUE TE MOTIVAN A DAR LO MEJOR DE TI Y TE AYUDAN A SEGUIR ADELANTE.

Sin embargo, a veces no tienen la suficiente capacidad para discernir si es en verdad bueno o malo. Con los años, he entendido que ambas, anclas y motores, son importantes y aportan balance en mi vida, cuando no tienen posturas extremas; las personas anclas son el puerto donde siempre puedo regresar, me aportan estabilidad. Las personas motor son las que necesito para vivir mi propósito de vida.

¿Te rodeas de motores o de anclas? Esta es una importante pregunta para todos. Es sobre todo importante si estás intentando construir una red personal poderosa de personas que te rodeen. ¿Tu red está repleta de personas que son motores ayudándote a avanzar hacia el siguiente nivel en tu vida o tu carrera? ¿O son anclas hundiéndote con la plétora de problemas y quejas? ¿Te atoran o te impulsan? Distingue quiénes son anclas y quiénes son propulsores en tu entorno.

LA FAMILIA
Y LOS AMIGOS————————

Más que nunca, después de los 50, mantener un contacto regular con la familia y los amigos tiene una altísima prioridad. Numerosos estudios afirman que cultivar estas relaciones es casi una vacuna contra el Alzheimer y la demencia senil. Lamentablemente, muchas personas, con la edad, se van volviendo más y exigentes con las amistades, por tanto, comienzan a ser más exclusivas y selectivas. Así, sin darse cuenta, se van encerrando y alejándose de los amigos y de la familia.

Dicen por ahí que "the new smoking", el nuevo tabaco, es la soledad (aunque otros dicen que es el estar sentados). Esto lo comenta el periodista de National Geographic, Dan Buettner, en el libro The Blue Zones ("Las zonas azules"), donde describe las 5 zonas del mundo donde las personas son más longevas (sobrepasan los 100 años), más sanas y felices. El autor encontró que el común denominador que tenían estas personas era la intensidad de sus relaciones con la comunidad. No solo encontró que vivían muchísimas veces en casas donde convivían hasta 15 personas, sino que cada uno tenía una responsabilidad dentro de la familia. EL SER ÚTIL ES UNA CONDICIÓN QUE NOS MANTIENE VIVOS Y FELICES. NO IMPORTA LA EDAD QUE TENGAS.

Nuestra sociedad tiende a "proteger" a las personas mayores, quitándoles responsabilidades con la excusa de que ya es época de descansar, sin saber que, al quitarles sus quehaceres, les están quitando la vida misma, apartándolos de las actividades diarias, encerrándolos en pequeños círculos que solo hacen aumentar su soledad y tristeza.

Una vida plena es antónima de la comodidad, que viene siempre acompañada de la flojera. Después de los 50, no podemos permitir que la pereza interfiera en nuestras relaciones familiares y de amistad. Cultivémoslas hoy más que nunca. Aparte de nutrir las relaciones con personas que ya conocemos, que están en nuestra vida, es buena idea abrirte a nuevas relaciones de todas las edades.

AMPLIA TU CIRCULO CON ESTOS TIPS

Para ayudarte a conocer a nuevas personas y que estas entren en tu mundo:

• Aprende algo nuevo. Aprender nos mantiene jóvenes y, si lo hacemos de forma presencial, podemos al mismo tiempo tener la oportunidad de conocer a nuevas personas que pueden llenar nuestras vidas de experiencias maravillosas.

• Regístrate como voluntaria. Una buena forma de conocer personas que se pueden convertir en tus nuevas mejores amigas es registrarte como voluntaria. Aquí en los Estados Unidos hay una cultura de voluntarismo que es bastante impresionante y admirable, tú puedes colaborar en el área que más te guste, desde eventos deportivos hasta en bibliotecas, teatros, museos, hospitales y colegios. Hay miles de opciones para ser voluntaria. Puedes conseguir información en la web, registrarte y conocer a otras personas que tengan ese mismo interés que tú.

• Haz ejercicios en grupo. Los ejercicios en grupo te exponen a nuevas personas a quienes vas conociendo poco a poco. En casi todas las ciudades de Estados Unidos existen Centros de la Comunidad, que funcionan como Club House para que los integrantes del sector se interrelacionen. Estos ofrecen diferentes tipos de actividades, desde clases para hacer ejercicio en grupo hasta clases de artes, conferencias y juegos de mesa.

• Conocer a gente de tu vecindario puede ser muy interesante y gratificante. Asimismo, hay muchos parques públicos que tienen centros de tenis y otros deportes. A través de uno de ellos, yo tuve la oportunidad de entrar en una liga de tenis y de conocer a unas señoras súper simpáticas con quienes hasta hoy sigo jugando. También puedes inscribirte en un gimnasio o en un estudio de pilates o yoga (generalmente la primera clase es gratis), donde puedes llegar a conocer a personas.

● Eventos. Otra forma de conocer a más personas es acudiendo a eventos de crecimiento personal. Cada vez son más los seminarios, workshops y talleres que se ofrecen en todas partes del mundo, no importa cuán pequeña sea tu ciudad.

En los Estados Unidos, gracias a páginas como Eventbrite o Ticket Plate, puedes conocer dónde, cuándo y cuáles son los eventos del mes cercanos a tu área, y planificarte según tus intereses. En lo particular, me encanta asistir a eventos que enriquezcan mi espíritu y contribuyan a hacer de mí mi mejor versión, y me ayuden a relacionarme con personas que tengan mis mismos intereses.

Una de las cosas que muchas veces detienen a las mujeres después de los 50 a asistir a esta clase de reuniones es el hecho de ir solas. Estamos acostumbradas a siempre ir con alguien; primero con nuestros padres, luego con nuestros esposos o amigas. No sé de dónde viene esa bendita costumbre de siempre tener a alguien al lado; quizás es por la falsa creencia de que, si nos ven solas, es porque no tenemos a nadie que nos acompañe, cuando en realidad nunca estamos solas, la mejor compañía somos nosotras mismas. A veces es más fácil hacer nuevas amistades cuando vamos solas y con un corazón abierto.

Aunque prefiero que las relaciones lleven cierto contacto físico, no quiero dejar de mencionar la oportunidad de conocer a gente a través de internet. En Facebook hay muchos grupos que están conformados por un interés común, a los cuales puedes unirte para intercambiar ideas, y hasta quizá puedas conocer y contactar a personas en tu área.

En conclusión, para mantenernos saludables emocional, física y mentalmente hay que cultivar relaciones saludable y abrirse a nuevas experiencias, tener sentido de pertenencia a una comunidad y sentirnos útiles ayudando a alguien.

¡PRE GÚN TATE!

🌢 ¿Quiénes son las 5 personas con las que pasas la mayoría del tiempo?

🌢 ¿Necesitas la aprobación de los demás, tanto de tus opiniones como de tus actos?

🌢 Si no la tienes, ¿te sientes insegura?

🌢 Identifica 3 personas que funcionan como motor, 3 que son ancla en tu vida y 3 personas que te quiten la energía.

🌢 ¿Estás abierta a conocer gente nueva para rodearte de más gente que te sume? ¿Haces algo para ello?

5

CAPÍTULO

" MANTÉN EL SEXO CALIENTE DESPUÉS DE LOS 50 "

TAL VEZ PIENSES QUE POR INTIMIDAD QUIERO DECIR SEXO, ASÍ QUE PERMÍTEME ACLARAR. EL SEXO PUEDE SER ÍNTIMO, PERO NO ES NECESARIA-MENTE ASÍ; A VECES ES SOLO LA ESTIMULACIÓN PLACENTERA DE LOS GENITALES. POR INTIMIDAD ME REFIERO A LA CONEXIÓN ENTRE DOS PERSO-NAS QUE, A PESAR DE LAS FALLAS EVIDENTES DE CADA UNO, ABREN SUS CORAZONES COMPLETA-MENTE EL UNO AL OTRO. ESTA APERTURA LOS HACE VULNERABLES, POR LO QUE LA CONFIANZA ES CLAVE. ASÍ ES EL AMOR PROPIO: ES IMPOSIBLE TENER UNA RELACIÓN ÍNTIMA CON ALGUIEN SI NO TE GUSTAS A TI MISMO.

— Jane Fonda

No sé por qué mucha gente piensa que el sexo está reservado solo para los años mozos. Es cierto que no tenemos la pasión desbordante de la juventud y que las hormonas, aunque están alborotadas también, lo están de una forma totalmente dife-rente, tanto que pueden afectar nuestro desempeño en la cama, pero pienso que el sexo en esta etapa puede ser mara-villoso. ¿La razón? Conoces tu cuerpo, sabes lo que te gusta y no le temes al placer.

Saber que tu etapa reproductiva terminó te libera de algunos miedos y te permite centrarte en tu placer y en el de tu compañero. Tu desarrollo como persona a través de los años y tu relación de amor contigo misma te hacen sentir más cómoda con tu cuerpo, logrando que puedas disfrutar más. Es la etapa del sexo sin culpa, del placer al 100%. Pero, como nada es perfecto en esta vida, es posible que no sientas el arrebato que sentías años atrás.

La buena noticia es que igual puedes deleitarte con intensidad, tanto de tu cuerpo como el de tu compañero, de una manera muy satisfactoria. Lo importante es buscar espacios para tener intimidad, si estos ya no se dan de manera tan espontánea. Si no es tu caso, pues perfecto, pero si necesitas encontrar un espacio para tu intimidad, la idea de concertar citas de amor no es descabellada y pudiera ser muy excitante. ¿A quién no le gusta que lo inviten a disfrutar del placer?

Mantener esa conexión íntima con la persona amada a cualquier edad es sagrado. El sexo nos sana y renueva por dentro, y, sobre todo, eleva y alimenta nuestros sentimientos más profundos hacia nuestra pareja. Conviértelo en una prioridad y no te dejes influenciar por los estereotipos, los clichés, los cambios hormonales de ambos, el estrés, la rutina o la flojera. Si uno no se empeña en buscar los espacios, es posible, sobre todo entre parejas que tienen muchos años viviendo juntas, que se dejen llevar por la monotonía y la pereza, separando cada vez más sus encuentros amorosos hasta el punto de hacerlos casi inexistentes, convirtiendo a sus parejas en un mero compañero de cuarto y perdiendo la conexión única que solo el sexo puede darles. Recuerda: no conviertas a tu pareja en tu roommate.

Uno de los cambios más notorios en las parejas después de los 50 es que el sexo ya no es tan espontáneo, por lo que hay que cultivarlo, planearlo y buscarlo. Sé que muchas que me leen dirán: "¡Ay no! Yo no voy a buscar a nadie, ¡y eso de hacer una cita es de lo último!", pero al igual que nos preocupamos por mantener a nuestras amistades planeando una cena juntos, así debemos colocar el sexo, como una de nuestras prioridades si queremos mantener una conexión íntima con nuestra pareja.

Una opción es pensar en qué días, situaciones o momentos ocurren estos encuentros con más frecuencia. ¿Son en la mañana al despertar?

¿Suceden más en la noche o en la tarde? ¿Qué días son más propicios: días de trabajo o fines de semana? Otra pregunta puede ser: ¿qué hacen antes de esos encuentros? ¿Con qué frecuencia, más o menos, ocurren? Estas respuestas te van a dar una idea de cuándo el sexo sucede de manera espontánea, para que estés consciente de ello, y trates de buscar esos momentos con la misma naturalidad, ya que son propicios para ustedes.

Por ejemplo, si lo hacen los fines de semanas en horas de la mañana, antes del desayuno, está atenta a no dejar pasar más de una semana, buscando de manera "casual" el encuentro. Si no se da, pues invita a tu pareja a una cita de amor. Puedes comenzar con una simple invitación a cenar con propósitos "pecaminosos" (debes decírselo de forma abierta, porque en esta etapa muchos se tienen que preparar) y dependiendo de cómo les va, pueden ir avanzando hacia encuentros más creativos e interesantes.

Hace como 15 años, un amigo nos recomendó a mi esposo y a mí un libro para mantener el sexo fogoso, divertido y nunca aburrirte de él. El libro se llamaba 101 Nights of Grrreat Sex, de Laura Corn, y se trataba de un compendio de ideas de seducción. Lo interesante era que estaban dividi- das en dos partes, para ella y para él, y cada una de ellas estaba sellada, lo que significaba que nunca sabías de qué se trataba hasta el momento de abrirlo y, al hacerlo, no había vuelta atrás. Cuando yo abría las páginas, yo lideraba el encuentro y no compartía el contenido, por lo que él no sabía qué iba a suceder; igual pasaba cuando mi esposo los abría. Lo usamos por algún tiempo y nos encantó, pero después lo olvidamos.

Hace unos meses lo desempolvé mientras arreglaba unos closets, y se lo enseñé a mi marido. Él, al verlo en mis manos, no pudo evitar una sonrisa y, de manera pícara, me preguntó si rompíamos un sello, a lo cual le respondí que sí. Les cuento que abrí uno de los sellos y reviví como en una película las emociones del pasado, ya que la anticipación de lo que va a pasar puede ser muy excitante, tanto para quien lo planea como para el que no tiene idea de qué le espera, porque al final de cuentas ambos no sabíamos cómo íbamos a reaccionar ante este encuentro que no estaba diseñado por ninguno de los dos.

Fue extraño, pero emocionante, una mezcla de sensaciones ante lo desconocido, nuevo y sorpresivo, que nos hizo volver atrás el reloj, haciéndonos sentir más jóvenes y vitales, y poniéndole picante a una relación de más de 34 años de casados, con 3 hijos varones frutos de esta unión: uno de 31, el segundo de 29 y el último de 22 años.

Mi historia con el sexo es bastante simple y sin grandes tropiezos. Me casé con el hombre con quien me acosté por primera vez, un hombre que siempre se preocupó por satisfacerme y hacerme feliz. Creo que, para él, su felicidad, y la forma de hacer sentir su hombría, consiste en ayudarme a conseguir el orgasmo. Ojalá todos los hombres antepusieran la satisfacción de la mujer sobre la de ellos. Creo que habría más mujeres y hombres felices en el mundo, porque cuando a una mujer le dan la oportunidad de conocer su cuerpo, de experimentar y de saber qué le gusta, ella también se preocupa por satisfacer a su pareja y que ambos pueden llegar a tener una vida sexual más feliz.

Creo que mi mente abierta a probar nuevas cosas en la intimidad se debe a ser la cuarta de cinco hijos y de tener una mamá bastante moderna para la época, y creo, muy fogosa también. Recuerdo que, en casa de mis padres, mi mamá cerraba las puertas de su cuarto con llave para dormir, y ¡cuidado si se le ocurría a alguien tocar la puerta si estaba cerrada! Eso estaba prohibido en mi casa. Solo cuando ella salía del cuarto era que se podía entrar. Hoy entiendo que ese era su espacio para poder crear un ambiente de intimidad en su matrimonio, a pesar de tener 5 hijos y la casa llena de gente todo el tiempo.

A lo largo de todo el matrimonio de mis padres hubo una fuerte complicidad. Mis padres tendrían setenta y pico de años cuando los invité a la copa Davis de tenis que se jugaba en la localidad y que estaba siendo organizada por mi esposo. Era la primera vez que ambos asistían a un torneo de tenis profesional. Estábamos disfrutando del juego, sentados en unos asientos preferenciales, muy cerca de los jugadores, cuando de pronto mi mamá se acerca a mi oído y me dice: "Yleana, no me habías dicho que este juego era tan sensual". Yo me quedé perpleja, pues no entendía lo que me estaba tratando de decir, por lo que le pregunté a qué se refería, a lo cual me respondió:

"Pero es que tú no ves, ¿no te das de cuenta? Escucha como gimen estos jugadores, ahhhh, ohhh, ahh, ¡parece que estuvieran acabando!". No se pueden imaginar la carcajada que di al escuchar eso de la boca de mi madre. Mi mamá de 70 y algo tenía metido el sexo en su cabeza. En ese momento, no lo podía creer, pero me mostró una gran verdad: no importa los años que tengas, el sexo sigue siendo importante.

Tener el sexo presente en nuestras vidas, además de conectarnos de una manera única con la otra persona, nos hace sentir vitales, queridas e importantes, nos ofrece un sinfín de beneficios para nuestra salud, ya que ese viejo dicho que dice "lo que no se usa, se oxida" ha sido comprobado por reconocidos médicos quienes insisten que, al no utilizar los músculos de la vagina, estos tienden a secarse y a perder flexibilidad.

Al igual sucede si dejamos de usar algún músculo; por ejemplo, si dejamos de caminar y tenemos nuestras piernas en una sola posición, cuando tratamos de caminar, los músculos de las piernas tardarán en responder. Es como cuando vas al gimnasio con regularidad y dejas de hacerlo por un mes. La próxima vez que haces ejercicios, notas que has perdido fuerza y tonicidad, y que te cuesta hacer lo que antes hacías de manera fácil. Igual sucede cuando dejamos de tener relaciones sexuales.

CUANDO EL PROBLEMA ES FÍSICO

Muchas veces lo que nos cohíbe de tener relaciones sexuales son los cambios en nuestro cuerpo (tanto internos como externos), que afectan nuestro deseo sexual.

Si tu caso es que ya no te sientes deseable porque has perdido la tonicidad o has ganado unas cuantas libras, quiero decirte que el órgano más sexual que tenemos no es ni la vagina, ni el clitoris, ni las tetas, es el cerebro, el encargado de todos nuestros juicios y el culpable que tengamos ciertas creencias. Lo que significa que, si cambiamos nuestros pensamientos, podemos cambiar lo que sentimos.

Sin embargo, está comprobado que con el desbalance hormonal de esta época, los niveles de estrógeno y progesterona bajan afectando todo nuestro organismo; también afecta no solo lo que pensamos, sino la claridad con que percibimos nuestros pensamientos, por lo que cuando las hormonas no están balanceadas hay una tendencia a sentirte melancólica, triste y con baja autoestima.

Otras veces, el problema es primordialmente físico: no logras sentir durante las relaciones sexuales, sufres de sequedad vaginal y dolor durante el coito, lo cual requiere una visita a un médico especializado para considerar la posibilidad de la terapia de remplazo hormonal. Sin embargo, siempre es bueno intentar primero de manera natural. Las isoflavonas de soya son muy populares para mitigar los síntomas de la menopausia, pero no hay evidencias científicas que confirmen que ayuden a aliviar los síntomas de la menopausia.

Lo que a mi esposo y a mí sí nos ha servido es la maca para aumentar la energía y, por ende, el deseo sexual. Este es un tubérculo nativo de los Andes que ayuda a balancear el sistema endocrino, compuesto por las glándulas que producen las hormonas encargadas de regular el metabolismo, el crecimiento, las funciones sexuales, la reproducción, el sueño y el estado de ánimo. Tomarla a diario puede ayudarte a minimizar los síntomas propios de la menopausia.

La consigues en forma de polvo o harina, y puede ser agregada a tus bebidas. El sabor es amargo y tiene un gusto parecido al sabor quemado, pero combinada con café o chocolate es bastante agradable. Sin embargo, al igual que con la soya, no hay estudios contundentes que avalen su uso. La sequedad vaginal es una de las consecuencias molestas que sufren las mujeres con la menopausia.

Los problemas como el dolor y falta de hidratación vaginal se pueden tratar de manera local con el láser ACCO 2, el cual trabaja directamente sobre los órganos involucrados y puede mejorar la humedad de tu vagina, aliviar el dolor y mejorar los problemas de incontinencia. Asimismo, el uso de geles y tener relaciones sexuales con regularidad hará que el flujo sanguíneo hacia tu vagina aumente; como consecuencia, habrá más lubricación natural, más sexo, menos dolor y tú estarás de mejor humor.

EL EFECTO DEL DESBALANCE HORMONAL EN LA FALTA DE DESEO

Son varias hormonas las que están involucradas en nuestra vida sexual. Las más importantes son:

Testosterona: Aunque es una hormona comúnmente relacionada con la masculinidad, nuestros ovarios también la producen, impactando nuestro deseo sexual. Cuando la testosterona está balanceada, aumenta nuestra libido y se agranda el clítoris; cuando no lo está, disminuye el deseo sexual y las posibilidades de alcanzar el orgasmo.

Estrógeno: Esta hormona tiene muchas funciones en nuestro organismo, pero la principal es mantener un sistema reproductivo sano. Cuando dejamos de estar en la etapa reproductiva, el estrógeno baja, y es el culpable que tengamos periodos irregulares, calorones y cambios de humor. Asimismo, el estrógeno afecta la hidratación de la piel y la tonicidad de los músculos, por lo que ayuda a la vagina a mantenerse lubricada y al clítoris sensible. Lo importante es mantener sus niveles balanceados, ya que mucho estrógeno bloquea la producción de testosterona, afectando a nuestro deseo sexual.

Progesterona: Es la hormona que nos hace sentir bien, promueve la relajación y la alegría, además de que nos ayuda a dormir bien.

Muy poca progesterona impacta la calidad del sueño, aumenta la sudoración, el estado de ánimo, la atención y el deseo sexual.

Oxitocina: Esta hormona baja los niveles de cortisol, que es la hormona del estrés, y nos hace sentir bien. La oxitocina es producida cuando tenemos relaciones sexuales, haciendo que nos invada una sensación de bienestar general. No es mentira eso de que el orgasmo es el mejor antiestrés que existe.

TERAPIA DE REEMPLAZO HORMONAL TRHB Y TRH

El uso de hormonas ha sido un tema muy controversial, debido a que diferentes estudios aseguraban que su uso exponía a las mujeres de entre 50 y 79 años a padecer cáncer de mama y enfermedades cardiovasculares. Esto dio como resultado que muchas dejaran de tomar estas hormonas y comenzaran a buscar otros tratamientos. Sin embargo, en un análisis posterior de los mismos estudios, se concluyó que la mayoría de las mujeres menores de 60 años o dentro de los primeros 10 años de la menopausia podían tomar hormonas sin peligro para aliviar sus síntomas.

Yo tengo mi propia experiencia. Cuando llegué a los Estados Unidos, tenía 50 años y estaba viviendo la perimenopausia, que es el tiempo de transición natural a la menopausia, el cual puede durar varios meses o varios años, y está caracterizado por periodos irregulares y diversos síntomas, como repentinos cambios de humor, dificultad para concentrarse y dormir, calores repentinos y sudores nocturnos.

Como muchas de ustedes deben saber, emigrar no es fácil y menos en las condiciones en que yo lo hice. En primer lugar, no fue una decisión nuestra. Nos vimos forzados a dejar nuestro país para preservar nuestra entidad física, separándonos como núcleo familiar, entre padres e hijos, con un montón de problemas legales y financieros, y el estrés de resolverlos desde lejos.

Encima de todo esto, yo estaba viviendo un carrusel de emociones incontrolables. Entendí que, para superar todo lo que estábamos pasando, mi prioridad debía ser la tranquilidad de mi esposo e hijos. A él le habían quitado la empresa, su sueño de vida, y a mis hijos les quitaron su familia y estabilidad. Hubo un momento en el que estuvimos todos separados, con excepción de mi esposo y yo, en 4 países diferentes.

Era consciente de la importancia de mi rol para solventar la situación que estábamos viviendo, o para que esta nos afectara lo menos posible. Sabía que tenía que ser fuerte, que tenía que dar lo mejor de mí para pasar esa transición con éxito. El problema era que no me encontraba en las mejores condiciones para afrontar el reto que tenía ante mí; comenzaba a sufrir los síntomas de la menopausia, estaba muy susceptible, no dormía bien, me sentía cansada y desenfocada. Decidí consultar a un médico, quien me dijo que todo lo que sentía, además de la situación en la que estaba viviendo, era parte de la menopausia, y me recomendó la terapia de reemplazo hormonal con hormonas bio-idénticas.

Antes de decidirme, investigué sobre las hormonas bioidénticas, las cuales son similares a las hormonas que produce el cuerpo de la mujer. Muchas veces son denominadas hormonas naturales, a pesar de ser sintetizadas en el laboratorio, porque provienen de fuentes vegetales. Descubrí que hay dos tipos de hormonas bio-idénticas:

A) Los productos farmacéuticos que han recibido aprobación de la Dirección de Alimentos y Medicamentos de Estados Unidos (U.S. Food and Drug Administration o FDA), que controla su calidad y seguridad para garantizar que el producto sea siempre de alta calidad.

B) Los productos hechos a especificación o a la medida, bajo estrictas instrucciones del médico tratante, según la necesidad de cada paciente. Estos productos pueden contener diversas cantidades de dos o tres tipos de estrógeno, a menudo mezclado con otras hormonas. Aunque los ingredientes individuales cuentan con la aprobación de la FDA, los compuestos (los productos finales creados después de haber combinado todos los ingredientes) no lo son.

Ya que la FDA no los controla, pueden ser de baja calidad. Me explicó que esa era la razón por la cual la FDA no aprobaba el tratamiento, porque no está estandarizado; cada fórmula es única. Optamos por el "pellet" de hormonas bioidénticas.

Los pellets son como un pequeño chip que se coloca en la grasa de los glúteos para liberar de forma equilibrada y constante las hormonas que necesita el paciente, hasta que le toque el próximo reemplazo, que suele suceder entre 4 y 6 meses. El procedimiento dura aproximadamente 10 minutos bajo anestesia local, no lleva puntos de sutura y casi nunca se nota dónde fue hecho. Es recomendable adoptar esta terapia durante los primeros años de la menopausia, ya que después de que tienes 7 u 8 años sin la regla, el efecto no es el mismo.

En mi caso, sentí un cambio increíble. Se avivó el deseo sexual, la energía en general, la sensación de bienestar, la agudeza mental y la memoria. En realidad, el cambio fue impresionante y maravilloso. Durante un poco más de dos años, estuve colocándome el pellet unas 2 veces al año. Luego lo hacía una vez, hasta ahora, que estoy en la postmenopausia y que mis niveles se han estabilizado un poco: solo tomo la mínima dosis de progesterona por las noches, porque muchos médicos piensan que utilizar la terapia de reemplazo hormonal durante los primeros años de la menopausia es uno de los secretos para mantenerse joven.

Para concluir, la gran diferencia entre el reemplazo de terapia hormonal idéntico y el convencional es que la primera es idéntica a las hormonas de los seres humanos, mientras que la terapia hormonal convencional no lo es. Además, los datos se individualizan para que los pacientes reciban una dosis personalizada según sus necesidades, mientras que la otra opción tiene una dosis fija independientemente de las necesidades de cada paciente. También es importante señalar que el principal objetivo de la TRH convencional es evitar ciertas enfermedades, mientras que el objetivo de la TRH bioidéntica es mejorar la calidad de vida. Si te interesa saber mas sobre la terapia de reemplazo hormonal, consulta a tu médico de confianza.

7 SITUACIONES QUE BAJAN TU DESEO SEXUAL

Son muchas las veces que uno no entiende qué es lo que está pasando por falta de información y se lo achaca a la edad y al desamor... ¡Pues no! A veces la edad no tiene nada que ver con eso, y mucho menos el amor, sino las circunstancias y situaciones que estamos viviendo. Entre las razones más comunes, están:

1. Vivir con mucho estrés
Cuando vivimos con constante estrés, nuestro cuerpo produce demasiado cortisol e interfiere con las hormonas sexuales. Paradójicamente, tener relaciones íntimas contrarresta el cortisol, pues liberas oxitocina. Esto quiere decir que para subir la libido tienes que tener más sexo.

2. Tener sobrepeso
Tanto el exceso de peso como la imagen que tengas de tu cuerpo pueden afectar tu libido. A nivel hormonal, cuando hay demasiada grasa es posible que aumente el nivel de estrógeno en tu cuerpo, lo que hace que baje el nivel de testosterona en mujeres y hombres, afectando el interés sexual-

3. Falta de tejido adiposo
Cuando las mujeres tienen menos del 15% de tejido adiposo, la producción de hormonas decrece, en especial la testosterona. Es importante consumir grasas saludables para sentirte sexy y mantenerte humectada.

4. Estar tomando ciertos medicamentos y/o tener ciertas condiciones médicas

Hay medicinas que interfieren los procesos hormonales, como los antidepresivos, antihistamínicos y tranquilizantes. El hipotiroidismo, la depresión y la diabetes, entre otras enfermedades, también pueden afectar el desempeño sexual.

5. Bajo nivel de estrógeno

Esta condición está asociada con la falta de sensibilidad en el clítoris, sequedad vaginal y dificultad para conseguir el orgasmo.

6. Inflamación crónica

Cuando el cuerpo se encuentra inflamado constantemente, produce más cortisol, lo que afecta las hormonas sexuales. Mucho cortisol disminuye los niveles de dopamina y serotonina, lo que puede producir depresión y ansiedad.

7. Aburrimiento y flojera

La rutina, la flojera, la falta de energía, interés y comunicación en la relación, y el dar por sentado que "ya no estamos para eso" son quizás lo peor para avivar el fuego en una relación de pareja.

Definitivamente, la edad es una creencia que tenemos metida en la cabeza. Si te encuentras con la libido baja, pregúntate cuál de estas situaciones estás viviendo en estos momentos. A veces hablar de nuestra vida sexual no es fácil, pero es importante sentirnos plenas, sexies y felices con nosotras mismas.

Siempre es importante conversar con tu médico de confianza acerca de estas condiciones y preguntar qué puedes hacer para mejorarlas. Si quieres apoyo en este proceso, ¡contáctame! Estaré feliz de ayudarte a través de mis asesorías personalizadas on-line para que la segunda mitad de tu vida ¡sea aún mejor que la primera!

RECOMENDACIONES PARA DISFRUTAR EL SEXO DESPUÉS DE LOS 50

Después de los 50 la vida no termina, ni mucho menos tu vida sexual. Las mujeres de 50 no somos viejas, deprimidas, ni vacías; estamos descubriendo una vida plena y fabulosa.

1. Muestra tu confianza: Nosotras, mujeres de más de 50, sabemos quiénes somos. Ya no somos solo la madre o la esposa de alguien. Conocemos nuestros propios valores, necesidades y lo que se necesita para sentirnos felices. Sabemos disfrutar del placer y conocemos cómo satisfacer nuestras necesidades sexuales.

2. Toma la iniciativa: Aunque el sexo espontáneo es cada vez más escaso, el planificar puede tener su encanto. Invita a tu pareja a una cita de amor y organiza una noche o tarde especial. Estoy segura de que durante el día fantasearán y ambos se prepararán para tener una noche fenomenal.

3. Coquetea más seguido: Es importante sentir tu feminidad. Creo que el arte de coquetear a menudo se pasa por alto. Si vas a tener un encuentro sexual, siéntete femenina y deseada para expresar libremente tu sexualidad. Antes de salir de casa, prepara tu cuerpo. Ponte perfume, usa ropa interior sexy, arregla tu pelo y maquíllate. Haz lo que necesitas para sentirte sexy.

4. Conoce tu cuerpo y comunica tus necesidades: Ya la timidez quedó atrás. No hay nada más sexy para un hombre que ver a su pareja disfrutando del sexo. Dile lo que te gusta, suelta y déjate llevar.

5. Introduce juguetes y aleja la monotonía: Si no lo has hecho antes, es buen momento para comenzar.

EJER

CICIO

A menudo, la calidad de intimidad que tienes no se relaciona con tus hormonas; puede depender de la percepción que tengas de ti misma, de tus pensamientos y creencias.

Una de las posibles razones por las cuales puedes tener la libido baja puede ser la idea que tengas sobre tu cuerpo. Cuando no te sientes cómoda y a gusto con tu cuerpo, tampoco te vas a sentir cómoda haciendo el amor.

¿Te acuerdas del ejercicio frente al espejo que hicimos en el capítulo 1? Este es parecido, pero vamos a necesitar un espejo de cuerpo completo, para que puedas pararte frente a él completamente desnuda. Observa todo tu cuerpo y entra en sintonía con él. Ahora mírate los pies, tus tobillos, observa tus piernas, tus rodillas, tus muslos y agradécele a esas partes de tu cuerpo que te llevan a todas partes.

Mira las caderas, lleva tu mirada al bajo vientre y piensa en todo lo que has sentido, lo que has disfrutado, lo que has vivido, los hijos que has parido y llena de gratitud a esa zona de tu cuerpo sensual, que te ha hecho vibrar como mujer.

Sube hacia tu pecho, respira, siente el aire entrar y agradece esos pulmones que te hacen estar viva aquí y ahora. Observa tus pechos, pueden estar caídos o flácidos, pero esos pechos son parte de tu esencia de diosa femenina, y con ellos has podido quizás amamantar y dar vida.

Pasa por tus hombros, esos que han sostenido muchas cargas, mira tus brazos, que han dado tantos abrazos y esas manos, a través de las cuales has conocido a gente maravillosa y has ayudado a muchas otras también. Sube a tu cuello y mira tus ojos, esos que han admirado el mundo, esos que son el espejo de tu alma. Mírate, mírate a los ojos directamente, encuéntrate con tu mirada, esa eres tú, la que estás viendo.

Conectarte con todo tu cuerpo y aceptarlo como es es el primer paso para aumentar la sensualidad. Sigue mirándote al espejo y tócalo sin miedo. Busca los sitios que te dan placer y acaríciate. Registra lo que sientes. Una mujer después de los 50 tiene que conocer que es lo que le hace vibrar, qué es lo que le gusta.

Vuelve a mirarte y reconoce a la diosa que hay en ti, que es perfecta tal cual es, con todos tus defectos, virtudes y emociones.

EJERCICIO
DE KEGEL

He escuchado hablar del ejercicio de Kegel desde que era pequeña. Mi mamá, quien era una mujer moderna, me explicó todo sobre la menstruación, cómo nacían los niños y, además, me enseñó el ejercicio de Kegel. Decía que era para fortalecer la vejiga, para que no sufriéramos de incontinencia cuando fuésemos mayores. Me lo describió de una manera muy sencilla y acorde a mi edad. Lo que tenía que hacer era simplemente apretar los músculos internos como si quisiera contener las ganas de orinar por unos segundos, y después relajar los músculos por otros segundos, repitiendo unas 5 veces y volviendo a realizar el ejercicio cada vez que me acordara.

El ejercicio de Kegel sigue siendo una de las herramientas más usadas y efectivas para mantener la tonicidad muscular de la vejiga y también de la vagina. Te invito a hacerlo, es muy fácil, y no importa si no lo has hecho nunca y ya tienes cincuenta o más, nunca es tarde para comenzar a hacer ejercicio, más ahora, cuando lo necesitas.

¡PRE
GÚN
TATE!

🌱¿Qué te gustaba de tu vida sexual en la juventud que ya no haces?

🌱¿Qué fantasía sexual tienes que todavía no has experimentado?

🌱¿Buscas o planeas los momentos de intimidad para conectarte con tu pareja?

🌱¿Cada cuánto tienes sexo? ¿Crees que es poco o mucho?

6

CAPÍTULO

—

"PROFUNDIZA TU ESPIRITUALIDAD"

EL AUTÉNTICO OBJETIVO DE LA VIDA ES ENCONTRAR LA FELICIDAD Y LLEGAR HASTA UN LUGAR EN EL QUE NO ESTÉS SIEMPRE INTENTANDO LLEGAR A OTRO SITIO.

— Doctor Wayne W. Dyer,
frase de la película El Cambio

CONÉCTATE CON TU ESENCIA

Vivimos en un mundo materialista dedicado al culto del cuerpo; pero, aunque parezca increíble, la búsqueda en internet de la palabra "espiritua-lidad" reporta miles de páginas llenas de definiciones, experiencias, estudios y consejos producto de la necesidad del hombre de conectarse con esa voz interior.

Para empezar, el término "espiritualidad", etimológicamente hablando, deriva del latín y alude a una cualidad relativa al alma. Después de los 50, nos replanteamos muchas cosas en nuestras relaciones y en nuestro traba-jo. En esta etapa de la vida surge la necesidad inmediata de establecer una conexión más intensa con nuestra espiritualidad, de conectarte con el verdadero significado de tu vida, con tu misión, con la necesidad de ofrecerle al mundo todo eso que tienes, de redescubrir la dimensión más profunda del ser humano.

Desde muy joven he estado en esa constante búsqueda, leyendo toda clase de libros, tomando clases de filosofía durante años, aprendiendo de PNL, cristianismo, constelaciones familiares, terapia de respuesta espiritual... Todas esas experiencias que podrían ser opuestas en muchos casos me confirmaron que hay algo mucho más grande que nosotros y que estamos aquí para aprender a amar, y no solo a nuestra familia y amigos —eso es muy fácil— me refiero a amar al mundo completo, a sentir de verdad en nuestro corazón que todos somos uno. Eso exige un arduo trabajo interior.

Son muchas las personas que experimentan esta búsqueda antes; pero, si no es tu caso, durante estos años hay un despertar general que te anima a cultivar tu espíritu. Asimismo, te das cuenta de que hay una energía que está por encima de ti y reconoces con firmeza que tu realidad no es solo física, sino que eres parte de algo mucho más grande que tú y que yo. Com-prendes que no estás sola y comienzas la búsqueda de tu ser interior, porque necesitas reconectarte con ese ser superior que está dentro de ti.

Te empeñas en buscar lo trascendente y te olvidas un poco de tanta super-ficialidad, para concentrarte en lo verdaderamente importante. Es por eso que, durante esta etapa, muchas abren sus mentes y corazones para explorar diferentes corrientes, profundizar en su espiritualidad poniéndose en un camino de crecimiento.

A estas alturas, muchas de las metas que te propusiste cuando eras muy joven ya las has conseguido; la mayoría tienen una profesión, un trabajo estable, están casadas o con una pareja, con hijos o nietos. Pareciera que has conseguido lo que estaba destinado para ti -pero no es así- sobre todo cuando tienes casi la mitad de la vida por delante. Es el momento de encontrar tu Ikigai, tu nuevo propósito o misión de vida diferente al de tu primera mitad. Conseguirlo es transcendental y es lo que te va a mantener joven, con esperanza e ilusión.

En mi caso, dejar a mi país para vivir otra realidad, teniendo que asumir hábitos totalmente diferentes a los que me había acostumbrado por años, y tener muchos momentos de soledad, me acercó a mí misma y comencé a preguntarme para qué estaba viviendo esta experiencia que no había pedido. Decidí en esos días que mi misión era hacer lo menos dolorosa esa transición para mi familia, cosa que hice. Sin embargo, con los años, todo volvió a su cauce y me empecé a replantear mi misión.

Después de experiencias vividas, estudios y conversaciones concluí que mi pasión y propósito es inspirar a las mujeres mayores de 50 a desarrollar todo su potencial, para que sean felices y para que la segunda parte de sus vidas sea aún mejor que la primera. Comprendí que, para hacer eso posible, era necesario cuidar de nuestros cuerpos, cultivar nuestra mente y nutrir nuestro espíritu.

Es por eso que invito a conectarte con tu ser interior, que es tu mundo espiritual, y con tu alma, que es tu verdadero yo; a preguntarte qué es lo que de verdad te hace feliz, qué es lo que te apasiona, qué es lo que hace que se te pasen las horas volando y te trae paz. Un buen comienzo es tratar de vivir el presente, el aquí y el ahora.

Cualquier actividad que te conecte con tu ser interior y te haga reflexionar está bien.

Puede ser a través del yoga, la religión, mandalas, de ciertas lecturas o de meditaciones. Lo importante es conectarte con tu espiritualidad y entender las razones por las cuales estás aquí. Sé que a muchas personas, cuando escuchan la palabra "meditar", se les viene inmediatamente a la cabeza la imagen de una persona sentada con las piernas cruzadas sobre la almohada, posiblemente con los ojos cerrados, ¿no?

Es cierto que esa es una forma de meditar, pero no la única. Su práctica se presenta en otras variedades, puede ser practicando un ritual o ejercitándote, orando, rezando, cantando, respirando, admirando el arte, escuchando música, bailando, todas estas son formas de meditar, porque como les dije, meditar es estar en el aquí y en el ahora, al no pensar en el futuro ni en el pasado, podemos encontrar nuestro verdadero ser.

Algo que no es tan fácil como parece, sobre todo para nosotras, las mujeres, que por ese afán de estar siempre tratando de complacer a los demás y de vivir ayudando, nos olvidamos de nuestra propia vida y nos separamos de nuestro ser. Hay que hacer el esfuerzo, tener disciplina y compromiso para poder avanzar dentro de nuestro mundo espiritual. Vivir la espiritualidad exige que cada cual encuentre cómo dar respuesta a lo que vive, cómo situar lo que le sucede, desde esa interioridad única e irrepetible que somos.

Después de los 50 es importante reencontrarnos con nuestro ser y comenzar a probar cosas que jamás hubiéramos pensado que probaríamos, ya que este puede ser el camino para conseguir nuestro conocimiento. Además, como dice la Dra. Christiane Northrup en su libro Las Diosas nunca envejecen, el probar cosas nuevas y disfrutar estas experiencias es la mejor receta antienvejecimiento, porque el gozo se conecta con tu "yo" interno. Por si fuera poco, sentir placer es vital para tener buena salud, por ello tienes que conseguir qué es lo que te gusta, porque cuando te conectas con tu espiritualidad, te sientes más saludable.

Hacer lo que te gusta no es un acto de egoísmo, es un regalo que te haces y les haces a los demás. Lo más bonito es que, al hacerlo, tu gozo les da permiso a los demás a gozar también, generando un círculo de alegría; por eso, trata de estar en silencio un rato contigo misma. Puede ayudarte a encontrar eso que te gusta, eso que te apasiona.

REVISA Y DISEÑA TU PROPÓSITO DE VIDA

NO PODEMOS VIVIR EL ATARDECER DE LA VIDA CON EL MISMO PROGRAMA DE LA MAÑANA, PUES LO QUE EN LA MAÑANA ERA MUCHO, EN EL ATARDECER SERÁ POCO, Y LO QUE EN LA MAÑANA ERA VERDADERO EN LA TARDE SERÁ FALSO.

— Carl Jung

UN CAMBIO DE VIDA, UN CAMBIO ESPIRITUAL, UN CAMBIO FÍSICO O ALGÚN TIPO DE CREACIÓN QUE TU ALMA HAYA VENIDO A EXPRESAR. LO QUE SEA QUE TU CORAZÓN ESTÉ DESEANDO, DEBES SABER QUE PUEDES HACERLO. NO TENDRÍA EL IMPULSO SI NO TUVIERA YA LOS RECURSOS PARA HACERLO REALIDAD.

— Marie Forleo

Una vida espiritual es una vida de constante desarrollo. La espiritualidad no tiene nada que ver con el estancamiento; la espiritualidad es una forma de llegar a ser mejores seres humanos. Con el fin de progresar, debemos tener una idea acerca de dónde estamos ahora y a dónde queremos llegar para crear un cambio y mejorar. Si estamos siempre ocupados, aturdidos con la carrera de la cotidianidad (como me pasaba en Venezuela, donde vivía reaccionando ante la vida en vez de tener un plan sobre lo que quería vivir), perdemos conciencia y nos alejamos del camino espiritual, desviándonos de alcanzar el propósito superior de nuestra vida.

Quiero aclararte que podemos y debemos tener varios propósitos que abarquen la parte inferior de nuestra vida y la parte superior. Necesitamos tener un propósito de vida, así como también un propósito del alma.

OTROS EJERCICIOS PARA AYUDARTE A CONSEGUIR TU MISIÓN

Estos ejercicios están basados en 5 ideas no convencionales para encontrar tu propósito en la vida, por María Mikhailov:

1. Cuenta tu historia

Escribe una lista de 50 datos relevantes de tu vida. Esta puede ser una forma estupenda de presentarte al mundo, de decir quién eres. Pero lo más importante: es una verdadera terapia o forma de auto-conocerte.

Haz una lista con los datos más valiosos de tu vida: las cosas que más te importan, las personas que más te han marcado, tus valores, tus hobbies, tus pasiones, también tus miedos. Si haces esta lista desde el corazón, solo para ti, sin que tengas que enseñarla a nadie, si eres sincera y auténtica, vas a poder descubrir un montón de aspectos importantes de tu vida. Tu historia de vida y los acontecimientos más importantes te han convertido en lo que eres ahora. Tómate tu tiempo y escribe esas 50 cosas que son relevantes para ti, hechos o factores que te hacen ser quien eres: curiosidades, pequeñas y grandes, tus logros, aquello de lo que te sientes orgullosa o quizá no tanto, ¡anota también tus fracasos! Tus gustos, hobbies, talentos, rarezas. Todo eso hace que seas quien eres, te define y te hace única.

2. Celebra tu cumpleaños número 95

Imagínate que hoy es tu cumpleaños y que acabas de cumplir ni más ni menos que 95 años. ¡Wow! Imagínate que has llegado a esta edad de la mejor forma posible: con salud y plena claridad mental, tienes una familia que te adora que viene a felicitarte (hijos, nietos, bisnietos), eres una persona que ha vivido su vida con plenitud, que ha conseguido todo aquello que se ha propuesto, que ha trabajado con sentido, haciendo aquello que más deseaba, y además has ganado no poco dinero con ello. Tienes todo lo que necesitas para ser feliz. Cierra los ojos y déjate llevar por esa imagen. Tu cumpleaños, tu familia visitándote para un acontecimiento tan especial.

Ahora, te toca hablar y agradecer a todos su presencia. ¿Qué dices, qué agradeces, qué recuerdas en ese momento con pasión y cariño? ¿Qué acontecimientos han marcado tu vida, qué personas han estado cerca, en qué ocupabas tu tiempo, a qué te dedicabas? Recuerda todos los detalles posibles y agradécelos.

Yo, por ejemplo, me imagino siendo una abuela feliz, viviendo cerca del mar, llevando una vida socialmente activa y aprendiendo siempre. Me imagino con el pelo corto y quizás dejándome las canas, vistiendo de manera cómoda pero siempre con estilo. Hago yoga, Pilates o Tai Chi, cuido mis orquídeas, medito, respiro, escribo... Soy una abuelita que ha viajado por el mundo, ha conocido otras culturas, no ha parado de aprender en su vida, ha escrito libros y ha ayudado a muchas personas. Ahora me dedico a contar historias a los nietos, a pasear por la playa y disfrutar estando aquí y ahora.

Y es que para saber dónde te gustaría estar dentro de 40 años, deberías tomar tu decisión ahora, no después.

3. Pídele al genio de la lámpara: tu lista de los deseos imposibles
Haz una lista de deseos imposibles. Sí, tal como suena. Hazte con una hoja de papel o abre un documento en Word y ponte a escribir. Imagina que pudieras alcanzar todo aquello que te propusieras, incluso todo aquello que sabes a ciencia cierta que es imposible. Imagina que tienes al genio de la lámpara que te concede deseos ilimitados. Este genio eres tú.

Si quieres escalar el Everest, apúntalo. Si quieres presentar un programa en TV, apúntalo. Si quieres volar, apúntalo. Todo aquello que pudieras querer, apúntalo. No te dejes nada fuera. No te reprimas. Nadie va a ver tu hoja ni va a juzgarte. Cuando tengas tu lista, no la tires, guárdala. Y échale un vistazo en un año o dos.

Y, por último, la pregunta del millón: ¿PARA QUÉ?

¿Para qué? Los coaches podemos ser intensos con esta pregunta. El por qué puede ser interesante, pero nos remite directamente a la causa de un problema o una situación. El para qué va más allá, está ligado a una finalidad y al futuro. Nos descubre nuestro propósito o el valor que aportamos a los demás. Nos conecta con otros.

Hasta ahora has estado soñando despierta, has imaginado multitud de situaciones increíbles. Las preguntas son: ¿qué has sentido? ¿Qué te ha emocionado más? ¿Qué sentido encontraste en todo aquello? Y, sobre todo, ¿para qué hacías lo que hacías? ¿Cuál era la finalidad?

Encontrar tu propósito consiste en buscar ese valor que ofreces, eso que haces que tiene cierta trascendencia, que influye de alguna manera en la vida de otras personas. Piensa ahora en ellas, esas otras personas, ¿cómo les afecta lo que haces tú? ¿Cómo se sienten? ¿Cómo cambian o mejoran sus vidas? ¿Qué te dicen tus fans? ¿Qué te agradecen?

Cierra los ojos y quédate con esa visión por un momento. Si meditas o conoces técnicas de respiración, puede venirte muy bien para este ejercicio. Estás tocando tu esencia y tratas de ver más allá de ti mismo, estás imaginando el alcance de tu pasión, de tu misión, de tu propósito.
Porque la vida es demasiado corta para no vivir tu sueño.

DEPRESIÓN

Estudios recientes advierten que el 25% de la población femenina que cruza la barrera de los 50 tiene mayor riesgo de sufrir de depresión. La mayoría no se da cuenta, ni siquiera, de que la padece. Piensan que sentirse cansadas, con falta de energía y motivación, con poco interés por las cosas, baja autoestima, tener problemas para dormir y perder el interés sexual es normal e inevitable a esta edad.

Los especialistas coinciden en esa predisposición que tenemos las mujeres después de los 50 se debe a los cambios en la vida familiar y la caída de los niveles de estrógeno y testosterona, que hacen que los centros del cerebro que controlan el sentido de bienestar se afecten.

Después de los 50, debes estar muy atenta a los síntomas de depresión:

- Apatía o falta de motivación
- Pérdida de interés por las cosas
- Baja autoestima
- Alteraciones del sueño
- Pérdida del interés sexual
- Falta de energía y cansancio

Estos síntomas, cuando no son problemas químicos, se pueden mejorar con simples cambios en tu estilo de vida. Muchas veces, el problema es que, a pesar de tener todo en apariencia, no eres coherente con tu nuevo propósito de vida.

Estos pequeños cambios pueden ayudarte a comenzar a enfrentar la depresión:

1. Ten una dieta sana
Elimina todos los carbohidratos procesados, harinas blancas y azúcares, pan blanco, tortas, pastas, arroz blanco. Todos estos alimentos hacen que te canses, te confunden la mente y te deprimen.

2. Agrega más grasas saludables a tu dieta
Es importantísimo: suma comidas ricas en Omega-3, aguacates, sardinas, almendras, ellas te van a ayudar a combatir la depresión.

3. Realiza o aumenta la actividad física
Haz ejercicios, libera las serotoninas y las endorfinas, llénate de energía para poder luchar contra ese estado de ánimo de apatía.

4. Relaciónate con las personas
¡Actívate socialmente!

Ahora sí, como te comenté, si los síntomas persisten, consulta a tu médico y pregúntale sobre el reemplazo de la terapia hormonal natural y bio-idéntico.

¡PRE GÚN TATE!

Estas preguntas te pueden ayudar a encontrar el propósito de tu vida:

🖊 ¿Qué te inspira?

🖊 ¿Qué te gusta hacer?

🖊 ¿Sobre qué te encanta aprender?

⌀ ¿Sobre qué te gusta hablar?

⌀ ¿Qué harías gratuitamente?

⌀ ¿Qué harías si no tuvieras miedo?

⌀ ¿Qué te apasiona?

⌀ ¿Qué es eso único y original que haces?

⌀ ¿Para quién lo haces?

⌀ ¿Qué es lo que quieren o necesitan de ti?

⌀ ¿Cómo cambian o se transforman las personas como resultado de lo que
tú compartiste con ellos?

⌀ Si pudiera ver tu librería, ¿qué libros encontrarías en ella?

⌀ ¿Qué cosas halaga de ti la gente?

Ahora, revisa las respuestas y analízalas como si no se tratara de ti, como si se tratara de otra persona. Tómate un tiempo y fíjate ¿qué hay de común en ellas?

Escribe todo lo que se te ocurra sobre lo que una persona con esas habilidades podría dedicarse.

Luego, marca con un círculo aquella actividad que más resuena contigo. Aquella que te podrías ver fácilmente haciendo el resto de tu vida. Aquella de la que te arrepentirías por no haber intentado. Puede que quieras marcar más de una porque te resuenen con la misma intensidad. Está bien, igualmente.

Ahora, después de los 50, es el momento de hacer aquello que siempre has querido y que no pudiste porque tenías otras prioridades en ese momento, porque estabas dedicada a otras cosas, o porque no tenías el tiempo y ni siquiera sabías qué querías. Ahora tienes el tiempo, ya cumpliste como madre y/o profesional, puedes hacer con este tiempo maravilloso lo que tú quieras.

Explora, prueba cosas nuevas, sigue tu intuición y haz algo diferente a lo que has hecho hasta ahora. El propósito de vivir una vida espiritual y nuestra evolución es en realidad convertirse en instrumentos de la divinidad, es ponerse a su servicio para que obre. A medida que crecemos, tenemos que ayudar a otras personas a crecer también. Así que, para tener una vida espiritual, es necesario ampliar nuestro interés y atención por parte de uno mismo a los demás y ayudarles en todo lo posible.

EL ALMA EVOLUCIONA AL DAR, NO EN LA ACUMULACIÓN.

— Master Choa Kok Sui

CAPÍTULO

"RECONOCE TU BELLEZA, ENCUENTRA TU SELLO PERSONAL"

ERES UNA FLOR SILVESTRE, UNA BELLEZA ÚNICA. EN CADA ALMA SE ENCUENTRA LA HUELLA DE LA GRACIA DE DIOS. EN NINGUNA PARTE DEL MUNDO EXISTE OTRA EXACTAMENTE IGUAL A TI. ¡PUEDES SENTIRTE ORGULLOSA DE ESO!

— Paramahansa Yogananda

CONOCÍ UN SEGUNDO NACIMIENTO, CUANDO MI ALMA Y MI CUERPO SE AMARON Y SE CASARON.

— Khalil Gibran

LA BELLEZA NO VA AMARRADA A LA EDAD

La única forma de reconocer verdaderamente tu belleza es conociéndote, aceptándote y valorándote. Solo cuando lo hagas, te darás cuenta de lo bella que eres, y te mirarás a los ojos y verás con agrado lo que ves: una mujer completa a la que no le falta nada, que tiene todo para vivir de manera plena. En el primer capítulo de este libro, te dije que amarse era el principio de todo, y ahora, ya finalizando, te lo vuelvo a decir. El amor hacia nosotras mismas, la aceptación total de lo que somos sin juzgarnos nos hace mejores personas, y hacemos más felices a la gente que nos rodea y al universo entero, porque cuando sabemos nuestro valor podemos servir mejor a los demás.

Es importante que nos sintamos bellas, no importa la edad, ni las patas de gallo que aparecen alrededor de los ojos, que estemos perdiendo la línea que limita nuestro rostro del cuello o que la tonicidad de toda nuestra piel ya no sea la misma. Hay que desprenderse del mito de que para que una mujer sea hermosa tiene que ser joven. Para ser bella, una mujer debe saber que "ella" es suficiente. Cuando eres feliz con lo que eres, la gente no se fija en las arrugas de tu rostro, que reflejan lo que has vivido, solo ve el brillo de tu mirada cuando hablas de tus pasiones. La confianza en ti misma, la alegría y ganas de vivir te hacen más bonita, de eso no hay duda.

La belleza no va amarrada a la juventud. Tenemos la falsa creencia de que la belleza es juventud. Crecimos y vivimos en una cultura que la idolatra, y esa es la creencia con la que hemos vivido. Sin embargo, después de los 50, hace rato que sabemos que la belleza es mucho más que una cara bonita; es la suma de la gentileza, pasión, inteligencia, bondad y alegría de las personas. La verdadera belleza, esa que nos mantiene cautivados, es el reflejo de la felicidad.

Para poder ser felices, tenemos que sentirnos bien y estar saludables. Cuando te alimentas bien, donde primero se refleja es en la piel. Si consumes muchos vegetales y frutas, evitas el exceso de alimentos procesados, comidas y bebidas que no son buenas para tu organismo, haces ejercicio regular, no fumas y duermes lo suficiente, tu piel va a lucir bien. Una bonita piel es el resultado directo de nuestro estado de salud, y las decisiones que tomamos todos los días influyen en que la piel se vea amarillenta y sin brillo o limpia y resplandeciente, sin importar la edad.

Mucha gente piensa que una bonita piel tiene que ver con los genes y, si bien es cierto que ayudan, su influencia es mucho menor de la que creen. Hoy en día sabemos, gracias a la epigenética, que aunque tengamos la tendencia a sufrir acné o, por el contrario, a tener una piel luminosa, es tu estilo de vida el que va a determinar la calidad de tu piel en un 75%.

He conocido a muchas mujeres que tienen buena piel, pero que no se ven radiantes y luminosas debido a sus hábitos alimenticios y porque no tienen una buena rutina de belleza, que es la base para lucir una piel hermosa. Más adelante les comentaré sobre los diferentes tratamientos faciales con tecnología de punta más populares y los que yo personalmente he usado.

AMA LA PIEL QUE TE CUBRE, Y CUÍDALA

Yo tengo una rutina muy sencilla: en la mañana me lavo la cara y me coloco un suero con antioxidantes que sirve para darle brillo a la piel y unificar el tono del rostro. Luego me coloco un humectante, dejo que se seque y termino con un protector solar. Antes utilizaba un humectante con filtro solar, pero desde que estoy en la Florida, prefiero asegurarme de que estoy bien protegida para alejar las manchas solares a las cuales somos muy sensibles a esta edad.

En la noche, me limpio la cara con agua micelar. La descubrí en un viaje que hice a Madrid, por recomendación de mi hermana, a quien le comenté que jamás había escuchado sobre las bondades de ese producto, sobre lo cual ella me respondió que lo probara, que era todo un éxito entre las españolas.

Solo tuve que probarla una vez para que me encantara. Me limpia el rostro a la perfección, no tengo que usar tónico y deja mi piel tensadita. Luego me coloco el suero, o serum, y termino con una crema nutritiva de noche, la cual coloco en todo mi rostro, incluyendo el área de los ojos (siempre he usado la misma crema), el cuello y el pecho.

Dos veces a la semana me exfolio la cara con productos para ello. No tengas miedo de hacerlo más a menudo, si puedes. La exfoliación es la clave para que tu piel luzca con vida, y no opaca, y la prepara para recibir los nutrientes que le quieras aplicar. Generalmente, cuando me exfolio aprovecho y me coloco una de esas máscaras de penetración profunda y me la dejo por 20 minutos.

Esa es mi rutina de belleza; sin embargo, durante años he aprovechado de diferentes tratamientos más sofisticados que ofrecen los dermatólogos y cosmetólogas en sus consultorios. Me refiero a los procedimientos con luz y láser cosmetológicos, que son fantásticos no solo para reparar los daños de la piel causados por el sol y el medioambiente, sino que también ayudan a la piel a producir colágeno y, por ende, a prevenir el envejecimiento.

TRATAMIENTOS FACIALES:

¿CUÁLES RECOMIENDO?

Comencé a probar los diferentes tratamientos alrededor de los 40 años, gracias a una dermatóloga que visité en un viaje a Miami, quien me recomendó que no gastara en cremas costosas, pues en el mercado se conseguían cremas fabulosas, como Neutrogena, Olay o Aveeno, a precios solidarios, así como las marcas europeas RoC, La Roche, Posay y muchas otras más. Me recomendó que en lugar de ello invirtiera en tratamientos faciales utilizando la última tecnología. Fue así como conocí y probé la luz pulsada (IPL), la radiofrecuencia y el láser Erbio, consiguiendo siempre fantásticos resultados.

Sin embargo, debido a la cantidad de tratamientos con luz, seleccionar el que más te conviene puede ser abrumador. A continuación, describiré los tratamientos más importantes y compartiré los que yo he experimentado. Fíjate en los tratamientos que tienen un asterisco (*): significa que te los recomiendo de primera mano.

TIPOS DE LÁSERES COSMÉTICOS PARA TU PIEL

Láser ablativo: es un tipo de láser que trata las marcas de efectos secundarios. Se dividen en:

1. Láser de dióxido de carbono (CO2)

Aunque no lo he probado personalmente, fue de los primeros en aparecer, allá por los años 60. Es perfecto para cicatrices, cáncer de piel, arrugas profundas, verrugas, lunares, marcas de nacimiento, piel floja, callos y daño solar. Tiene varios efectos secundarios, como dolor, enrojecimiento, ardor, picazón, y tarda mucho en sanar, por lo que en la actualidad a veces se suplanta por láser fraccional. Este tipo de láser es capaz de tratar:

- Arrugas profundas
- Cicatrices de acné y otras cicatrices
- Verrugas
- Marcas de nacimiento
- Piel floja (favorece la producción de colágeno para el estiramiento de la piel)
- Cáncer de piel
- Lunares
- Daños causados por el sol

2. Erbio Laser*

Este láser sirve para eliminar líneas moderadamente profundas y superficiales, arrugas en el rostro, cuello, manos y pecho, problemas de pigmentación, cicatrices de acné y daño solar. Con su ayuda podrás tratar:

- Líneas finas
- Arrugas pequeñas a moderadas
- Problemas de pigmentación de la piel
- Cicatrices de acné
- Daños causados por el sol
- Lunares

Para ver resultados con este tratamiento, es necesario hacerse varias sesiones seguidas, y luego tener un protocolo de mantenimiento. Yo me lo hice varias veces en diferentes oportunidades y realmente al terminar las primeras sesiones puedes observar que la piel se ve más luminosa, más lisa y de aspecto más joven.

El rejuvenecimiento cutáneo con láser de Erbio toma menos de una hora, se hace en el consultorio y es totalmente indoloro. Además, es muy importante señalar que este estimula la producción de colágeno, lo que hace que retrase el envejecimiento.

Láser no ablativo: tipo de láser que trata las marcas de efectos secundarios. Se dividen en:

1. PDL (Pulsed Dye Laser)

Es un láser que trata los vasos sanguíneos para conseguir reducir su tamaño, para que la piel se vea menos roja. Es ideal para rosácea, arañas vasculares, manchas de nacimiento, lesiones, estrías y líneas finas alrededor de los ojos. Para tener buenos resultados necesitarás de 3 a 5 sesiones, y finalizadas cada una de ellas solo tendrás leves moretones que se van en un par de horas. Está recomendado para:

- Lesiones vasculares
- Venas de araña
- Manchas de vino de Oporto (marcas de nacimiento)
- Rosácea
- Capilares rotos
- Líneas finas alrededor de los ojos
- Estrías

2. Yag Laser

Con su longitud de onda de luz de alta energía, genera calor suficiente para destruir células enfermas de la piel. Se utiliza para depilación, eliminación de tatuajes, arañas vasculares, rejuvenecimiento y problemas de pigmentación. No es un láser muy exitoso, y puede que necesites varias sesiones. El enrojecimiento que queda luego del tratamiento puede durar algunos días. Está indicado para:

- Depilación
- Venas de araña
- Problemas de pigmentación de la piel

- Eliminación de tatuajes
- Rejuvenecimiento de piel

Otros tratamientos no láser:

1. Luz Pulsada Intensa (IPL)*

El tratamiento de IPL (luz pulsada intensa) es una técnica de fotorrejuvenecimiento para mejorar la textura y calidad de nuestra piel gracias a la energía que produce la luz pulsada emitida por una máquina de última generación.

La luz intensa pulsada emite una banda ancha de luz que permite tratar varios objetivos a la vez, manchas pigmentadas, venitas o textura cutánea rugosa y así mejorar globalmente la calidad de la piel al estimular la formación de colágeno. La energía de la luz actúa en las capas más profundas para mejorar gradualmente la tonalidad y textura de la piel, eliminar las manchas, rojeces, poros dilatados, arrugas finas y dar luminosidad. Esta indicado para:

- Rosácea y enrojecimiento facial
- Vasos sanguíneos rotos
- Lesiones pigmentadas y decoloraciones de la piel.
- Estiramiento de la piel
- Moderadamente bueno para eliminar el vello

Este fue el primer tratamiento de los descritos que probé. En ese tiempo trabajaba en la radio y recibí una llamada de la primera franquicia que se estableció en Venezuela para eliminar el vello no deseado, para promocionar su marca. Como era y sigue siendo mi costumbre, antes de recomendar un producto a mis oyentes o clientes, me gusta probarlos y constatar sus beneficios.

Fue así como experimenté en mi cuerpo lo que llamaban "depilación láser" y quedé gratamente impresionada.

En unas cuantas sesiones mi cuerpo quedó libre de vello. También lo probé en mi cara para unificar el tono de la piel, eliminar unos vasitos capilares y promover la producción de colágeno.

El resultado fue que eliminó los vasitos y mejoró el tono y el aspecto de mi piel, hizo que mi rostro luciera más bonito. Sin embargo, con este tratamiento hay que tener extremo cuidado con el sol, ya que puede manchar tu piel y quedar peor de como comenzaste.

2. Luz infrarroja

La radiación infrarroja, o radiación IR es un tipo de radiación electromagnética (denominada de manera específica "radiación térmica"), de mayor longitud de onda que la luz visible, pero menor que la de las microondas. La terapia de luz infrarroja es un procedimiento que se toma para tratar el acné, el envejecimiento de la piel y otras condiciones que incluyen lesiones en los músculos y ligamentos.

- Estiramiento de la piel
- Contorno facial
- Estiramiento facial no quirúrgico
- Estimulando el colágeno
- Piel holgada
- No llega a la capa de grasa, por lo que no hay riesgo de perder grasa

3. Radiofrecuencia*

La radiofrecuencia facial consiste en aplicar calor sobre la piel, creándose una resistencia en el interior de los tejidos en forma de aumento de la temperatura. Debido a este calor que reciben las células encargadas de la producción de colágeno, responsable de la firmeza y la elasticidad de la piel, sus efectos son como los de un lifting pero sin los inconvenientes de pasar por el quirófano.

- Estiramiento de la piel
- Rejuvenecimiento facial
- Algunas personas experimentan una pérdida permanente de grasa en la cara. Puede hacer que la cara se vea más demacrada.

Para muchos expertos, la radiofrecuencia facial es hoy por hoy la mejor alternativa no quirúrgica para solucionar los problemas de flacidez de áreas como el cuello, la zona de la mandíbula, las mejillas e, incluso, de los brazos o el resto del cuerpo. Igualmente, lo promocionan para combatir plenamente la celulitis en otras zonas del cuerpo.

A mí me gusto mucho la radiofrecuencia, ya que podía observar el efecto tensor que tenía en mi rostro. Sin embargo, tuve que detener el tratamiento, ya que el efecto del calor sobre mi piel hizo que aparecieran pequeñas varices o venas varicosas, en zonas como las mejillas y alrededor de la nariz.

4. Ultrasonido

Los ultrasonidos son ondas vibratorias y sonoras de distintas frecuencias, que no son perceptibles por el oído humano. Se aplican mediante un cabezal de pequeño diámetro, que se traslada lentamente de forma circular sobre la zona a tratar, mejorando el metabolismo local.

- Estiramiento de la piel
- Aumentar la producción de colágeno
- Mejorar la elasticidad de la piel
- Poder reafirmante

5. Microdermoabrasión*

Otro tratamiento que puede mejorar el aspecto de tu piel es la microdermoabrasión, que es un proceso de exfoliación más fuerte de la que usualmente te haces en casa. Yo la probé una vez que compré un paquete de 3 y los resultados fueron excelentes.

Mi piel lucía más fresca y luminosa. La microdermoabrasión utiliza unas puntas de cristal para hacer un barrido sobre la capa externa de la epidermis, para eliminar las células muertas, imperfecciones, pequeñas arrugas y las manchas que han podido ir saliéndote.

6. Plasma rico en plaquetas (PRP)*

El plasma rico en plaquetas, o PRP, es el procedimiento autoregenerador que se ha convertido en una tendencia en los últimos años, debido a sus resultados. Es muy poco invasivo, ayuda a combatir el envejecimiento prematuro y mejora las imperfecciones del rostro ideal para aquellos casos en los que se desea mejorar el aspecto de la piel, aumentar su firmeza y luminosidad.

Tiene un efecto rejuvenecedor y estimulante celular muy intenso. Este tratamiento estético promueve la regeneración celular para conseguir una piel más luminosa y tersa, con mejor textura, menos flaccidez y menos arrugas. El ingrediente principal es tu propia sangre. El médico la extrae del brazo y la introduce en una máquina que la centrifuga.

De este proceso surge un suero enriquecido en plaquetas, el cual se aplica en la piel por medio de microinyecciones a nivel intradérmico, ayudando a la producción de colágeno, elastina, ácido hialuronato y otros elementos esenciales de la piel. Para mejores resultados, se indican 3 tratamientos cada 30 días, y después uno de mantenimiento una vez al año.

Yo solo me lo hice una vez, por lo que no puedo compartir los resultados, pero muchas amigas se lo han hecho y se encuentran felices con la experiencia. Lo que sí les puedo adelantar es que duele un poco y es muy posible que tu cara quede hinchada y con morados por un par de días.

7. Dermapen*

Se trata de un sistema de rejuvenecimiento facial no invasivo. El mesopen es un dispositivo que nos permite realizar micropunciones en la piel a una alta velocidad y a una profundidad controlada. Se emplean cabezales estériles y desechables de 9 microagujas.

Debido a la alta velocidad de micropunción y a la vibración del pen, el paciente no percibe dolor. La acción del pen genera una serie de microcanales en la piel que permite la penetración del cóctel bioactivo de vitaminas, aminoácidos, oligoelementos y ácido hialurónico.

También se combina con el PRP (plasma rico en plaquetas). El efecto aparece en pocos días y es notable: mejora la hidratación, textura, luminosidad y firmeza de la piel. Además, las micropunciones generadas son un estimulante para la producción de colágeno. Recién aplicado se percibe un cierto enrojecimiento de la zona tratada, pero suele ser imperceptible a las 24h. El tratamiento dura más o menos 20 minutos, y suelen realizarse 3 sesiones para alcanzar resultados óptimos.

TRATAMIENTOS INVASIVOS

1. Bótox*

Debo confesar que desde los 43 años me coloco una o dos veces al año bótox, al principio solo en el entrecejo, después también en las patas de gallo; o sea, tengo unos cuantos años en esto. Lo hago para prevenir las arrugas, ya que al paralizarte el músculo se previene su formación. Sin embargo, hay que tener mucho cuidado, ya que puede cambiar o perder toda la expresión de tu rostro.

Cada vez más, trato de distanciar las inyecciones de bótox lo más posible, porque al fin de cuentas, estás introduciendo algo extraño en tu cuerpo, pero me tranquiliza saber que aunque las investigaciones sobre el tratamiento de bótox apenas remontan alrededor de 15 años, se ha demostrado que la toxina botulínica tipo A es segura, tanto a corto plazo o de manera prolongada.

Eso sí, es importante que la administración del bótox esté a cargo de un proveedor de atención médica experimentado, tal como un especialista certificado en dermatología, cirugía plástica, cirugía plástica ocular u otorrinolaringología. Esos especialistas cuentan con la máxima experiencia para reducir las complicaciones al mínimo y tratarlas en caso de ocurrir. A pesar de ser raro, las inyecciones de bótox pueden provocar efectos secundarios, tales como dolor, hinchazón en el sitio de la inyección, dolor de cabeza, síntomas parecidos a los de la gripe y sequedad en los ojos o lagrimeo excesivo, entre otros.

2. Rellenos inyectables temporales

Otro tratamiento que puede ayudarte a lucir fresca son los rellenos inyectables temporales. Los rellenos, también denominados fillers, son sustancias que se aplican en la cara para solucionar tres problemas diferentes: las arrugas finas de alrededor de la boca, los surcos naso genianos y el cambio de volumen, es decir, el aumento de pómulos y la rectificación del óvalo de la cara.

El cuerpo absorbe los rellenos temporales por lo que desaparecen luego de cierto período de tiempo, y hay que volver a rellenar. Entre los que se reabsorben, no me gustan los permanentes, existen tres tipos de productos: el colágeno, el ácido hialurónico y el ácido poliláctico sintético.

3. Colágeno

Fabricado biotecnológicamente, el colágeno humano es un excelente relleno. La posibilidad de reacciones alérgicas es muy poca. Su principal uso es para las arrugas ubicadas alrededor de la boca y el delineamiento de labios. Sin embargo, su duración es bastante limitada, aproximada de 3 a 4 meses.

4. Ácido hialuronato*

El ácido hialurónico es el más empleado en el mundo. Es de gran utilidad para prácticamente cualquier tipo de arruga, surco o pérdida de volumen en la cara. De origen biotecnológico ultra purificado, posee un alto grado de entrecruzamiento en su estructura que le permite durar hasta un año. Entre las marcas más conocidas están Restylane y Juvederm.

5. Ácido poliláctico sintético

El más conocido es Sculptra, se recomienda para rellenar las arrugas más profundas de la cara, restablecer el volumen y el contorno natural. Este tratamiento puede durar hasta dos años.

6. Cirugía plástica

No estoy en contra de las cirugías estéticas, es más, siempre he pensado que alguna vez me la haré, y la verdad no sé por qué no me la he hecho. Son muchos los beneficios que una buena cirugía plástica puede brindar: te pueden quitar la odiosa papada o quitarte el exceso de piel en tus párpados para abrirte la mirada, si te molesta. La cosa es que de verdad te moleste y no que lo hagas por moda o por complacer a otros.

Si estás pensando en someterte a una operación de este tipo, lo primero que debes preguntarte es para qué y por qué te la quieres hacer:

- ¿Estoy en condiciones saludable para hacerme una operación?
- ¿Lo quiero hacer para mí o para agradar a alguien más?
- ¿Quiero hacérmela por presión social, para encajar en un grupo?
- ¿Creo que si me la hago mis problemas mejorarán?
- ¿Lo hago por estética o por razones prácticas?
- ¿Estoy lista para asumir todos los riesgos que implica?

Luego de que sepas las verdaderas razones por las cuales te quieres operar, dedícate a buscar el mejor cirujano acreditado que puedas conseguir. Haz una investigación intensa del mercado y pídele ver fotos de cómo han quedado las personas luego de haberse sometido a la misma operación que te quieres hacer. Asimismo, es importante que el centro donde te lo vayas a hacer cuente con todos los recursos y conocer al médico que te va a colocar la anestesia.

Al final de cuentas, la cirugía plástica es una decisión personal, que debes tomar porque te hace feliz a ti, y no pensar en agradar a terceros, y ser consciente de que todo cambio físico conlleva un proceso de adaptación a él.

SUPLEMENTOS PARA LA PIEL A PARTIR DE 50

En esta edad, los cambios hormonales son patentes, por lo que quizás necesitarás algunos suplementos más para mantener la piel hidratada, elástica y radiante.

1. Omega 3, 6 y 9
Se encarga de tratar la inflamación crónica que se refleja en la piel, sobre todo en la congestión de tus ojos, que puede aparecer en forma de bolsas y ojeras.

2. Resveratrol
Ayuda a mejorar el riego sanguíneo en la piel y disminuye a su vez los efectos del estrés.

3. Colágeno
Es la proteína mantiene tersa la piel, yo lo tomo en polvo y se lo agrego a mis jugos verdes y al café.

4. Vitaminas C, D3 y E
Excelentes y muy potentes antioxidantes que nos permiten tener células fuertes y sanas.

5. Probióticos
Mejoran el sistema digestivo, el sistema inmunológico y el tránsito intestinal, y la piel nota el efecto rápidamente, sobre todo en su luminosidad. Igualmente, un sistema inmunológico a pleno ritmo evitará que la piel sea más reactiva a alergias.

6. Ácido alfa lipoico

Combate la acción oxidativa de los radicales libres, reduce la inflamación y frena el proceso de envejecimiento (efecto antiaging). Asimismo, mejora la sensibilidad a la insulina, lo que nos ayuda a mantener un peso saludable.

7. Coenzima Q10

Es un antioxidante bien conocido que ayuda a protegernos contra el daño de los radicales libres, aparte de jugar un papel clave en la producción de energía celular. Dado que las actividades celulares dependen de la energía, la coenzima Q10 es esencial para el funcionamiento de casi todas las células.

8. Magnesio

Es un mineral esencial que permite a las células mantenerse activas e hidratadas. Ayuda al organismo a desintoxicarse, liberándose de toxinas dañinas, lo que permite mantener la piel limpia y sana, y al mantenerlas hidratadas, previene las arrugas. Por otro lado, el magnesio ayuda a tener un sueño reparador, lo que hace que tenga un efecto antienvejecimiento.

9.Biotina

Forma parte del complejo de vitamina B para mejorar el aspecto de la piel, uñas y cabello.

" NUESTRA IMAGEN ES LA CARTA DE PRESENTACIÓN "

A VECES LLEVO CAMISAS BLANCAS, COMO HOY, YA QUE ME DAN SEGURIDAD. HOY TENÍA POCO TIEMPO PARA ARREGLARME.

— Carolina Herrera, diseñadora de moda, en una entrevista para una revista española.

Cuando leí esto me sorprendí, sabía que CH era fanática de las blusas blancas, como yo, pero nunca pensé que le daban seguridad, y es que para mí esa es la clave para lucir bien. No importa lo que te pongas, lo verdaderamente importante es que te haga sentir bien, confiada y segura de ti misma. La ropa tiene esa capacidad en nosotras, nos puede llegar a hacer sentir como diosas o tan incómodas que queramos desaparecer.

La ropa es para divertirte, para jugar con ella y reflejar nuestra personalidad. La moda es actitud. No creo mucho en las reglas. Hay mujeres que las rompen todas y se ven bien.

Se supone que no debemos usar aretes grandes junto a un collar impactante y unos lentes con estilo estrambótico, porque rompemos el balance y todos los accesorios compiten entre sí, pero resulta que a la modelo casi centenaria Iris Apfel le ha funcionado de maravilla, tanto que a los 97 años es imagen de varias marcas y ha lanzado su propia línea de accesorios. Hoy en día es famosa por su estilo ecléctico, le encanta los colores brillantes y estridentes, los estampados, los accesorios imponentes, y los usa todo a la vez creando un estilo único y personal. Ella se viste para ella, no para impresionar a sus amigas o clientes. Iris se divierte con la moda y con ella logra reflejar un estilo que refleja su actitud irreverente.

No todas somos así. Yo, por ejemplo, soy muy clásica, aunque me gusta agregar detalles que estén a la moda. Así me siento bien. Cada quien tiene una personalidad diferente, un estilo de vestir distinto y, repito, no importa cuál sea, pero compra y vístete solo con lo que de verdad te guste. Haz una limpieza de clóset y saca lo que no te has puesto en un año, así te lo haya regalado tu mejor amiga o te haya costado carísimo y regálalo. Recuerda que lo que uno da, el universo nos lo devuelve con creces. Vestirse con lo que te hace sentir cómoda hace que proyectes seguridad. Una mujer que está contenta con sí misma, que se quiere y mima, tiene que verse bien.

Los 50 puede ser la edad perfecta para lucir a la moda, tienes la experiencia de la vida, por lo que deberías estar llena de confianza y tranquilidad. Sin embargo, eso no siempre es así. Tenemos la creencia de que con los años perdemos atributos físicos, cosa que es muy posible, pero también ganamos confianza en nosotras mismas. Yo me siento más segura hoy que hace 20 años atrás. Suele ser normal que, con esta edad, muchas se sientan inseguras y opten por ropa que las tape lo más posible, colores menos alegres, algunas se descuidan un poco, y dejan de tener ganas de comprar ropa.

Esto no debe pasar. Esta puede ser una edad genial para demostrar la vitalidad que tenemos y nada mejor para ello que un buen look. La mejor manera de lucir espectacular a partir de los 50 es ignorar tu edad y disfrutar de la vida al máximo. ¿A quién no le gusta vestir bien y sentirse bonita? Tú te mereces verte sofisticada, elegante, actual y atractiva en cualquier ocasión y cada día de tu vida.

TIPS PARA LUCIR TU MEJOR VERSIÓN

Aquí van unos consejos sencillos y fáciles de seguir.

El consejo más importante que te puedo dar ya te lo di, es que te vistas con lo que te gusta y te hace sentir cómoda. La comodidad es muy importante porque te ayudará a tener más confianza. Ponte lo que te hace sentir bien, no importa si está a la moda o si es adecuado a tu edad. Al final. ¿Quién decide eso? Lo esencial es que tú te sientas bien con lo que llevas porque esa es la actitud que vas a proyectar, la imagen de una mujer segura y con personalidad.

1. Ponte lo que te hace sentir bien
El espejo es tu mejor amigo, si te gusta lo que ves, ¡póntelo! Pero mírate, obsérvate y pregúntate: ¿Me hace sentir bien lo que veo? ¿Me gusta lo que reflejo? Es muy importante que no te obsesiones con lo que se lleva y lo que no, lo adecuado es que con el look que te pongas te veas bien. Por mucho que vayas a la moda no conseguirás lucirte si no te sientes bien. Deja a un lado todas las prendas que te hacen lucir como alguien que tú no eres.

2. Evita los extremos
No vistas como una jovencita (ropa muy llamativa y provocativa), ni como una persona muy mayor (ropa sin forma y de colores oscuros). No lleves ropa muy estrecha, ni muy ancha porque ninguna de las dos es cómoda. Si tienes que acomodarte la blusa a cada rato, te molestan los zapatos y no puedes respirar por lo apretada de la falda, estoy segura que te vas a sentir incómoda e insegura. Tampoco quisiera te fueras al otro extremo que es ocultar tu cuerpo detrás de ropa extra grande. El secreto para lucir elegante, con menos libras y más joven es el entallado correcto de tus prendas.

3. Cuida tu postura

Usa la talla de ropa interior correcta. La mayoría de las mujeres no conocen su verdadera talla y tampoco conocen la forma adecuada para realzar los mejores atributos, disimular y crear curvas armoniosas. Invertir tiempo y dinero en conseguir el sostén adecuado y de la talla correcta no tiene precio a la hora de lucir bien.

No porque tengas 50 tienes que sacrificar usar ropa interior de calidad, bonita, sexy y cómoda; además, es increíble cómo puede mejorar el aspecto y postura al vestir. Mantén una postura erguida, con los hombros hacia atrás, la cabeza en alto y el vientre hacia adentro, no solo nos hace lucir 5 libras más delgadas, sino que también proyectamos más confianza y la ropa luce mucho mejor.

4. Conoce tu cuerpo

No te tapes, saca ventaja a tus atributos, destaca lo que te gusta y disimula lo que no. Que tengas más de 50 años no significa que esté prohibido llevar faldas o lucir brazos. Quizás no te sientas cómoda con cosas muy cortas, pero una falda por las rodillas o blusas de media manga son perfectas para estar elegantes.

Si tienes unos hombros bonitos, aprovecha y usa blusas que los destaquen. ¿Unas piernas bien formadas? Pues, aprovecha y vístete con faldas y vestidos, pero no abuses con faldas súper cortas, a menos que tengas unas piernas libres de varices y flacidez. La idea es destacar lo bonito que todas tenemos. Recuerda que sentirnos bonitas aumenta la confianza en nosotras mismas y eso es primordial.

5. No tienes que estar al último grito de la moda

A estas alturas de la vida, no debes obsesionarte con seguir las tendencias que están de moda. Compra lo que te guste y úsalo como te parezca.

La idea es que te veas moderna, pero atemporal y sin esfuerzo. A mí, particularmente, me gusta seguir la moda, pero solo uso lo que creo me queda bien.

6. La ropa para ocasiones especiales está out

Se trata de simplificar el vestuario y no de apilar ropa. Usar zapatos confortables y no muy altos es una buena idea, si queremos proyectar la idea de seguridad. Hoy en día existe una variedad grandísima de calzados para todos los gustos y ocasiones. Desde tennis super fashion hasta las más espectaculares plataformas. Si te gustan los tacones, escoge entre las sandalias o zapatos de tacón corrido wedges o las plataformas que nos hacen sentir estables.

Sobre todo, después de los 50, cuando podemos perder el equilibrio con facilidad si no practicamos ejercicios que nos ayuden con el balance. Tengo varias amigas que por andar entaconadas se han doblado el pie y fracturado el tobillo. Eso no quiere decir que no te vas a poner tus amados stilettos altísimos que tienes en el closet, pero no los uses para caminar por las calles, donde la superficie no es uniforme. Yo uso todo tipo de zapatos, pero para decirles la verdad, ya me olvidé de los tacones de 6" de altura, hoy prefiero los de 3", aunque para ocasiones especiales tengo los de 5" con plataforma.

7. Las joyas y los accesorios son tus aliados

Son la mejor manera de reflejar tu personalidad, estar a la moda y marcar estilo, ya sea con unos aretes de perlas o brillantes, un bonito broche, un pañuelo con diseño animal o un bolso de color. Dan alegría y vitalidad al look y es justo lo que necesitas. Si no te atreves con los colores, los complementos son la opción perfecta para aportarle otros tonos a nuestro conjunto y formar contrastes atractivos. A mí me fascina jugar con los accesorios. Puedo hacer lucir totalmente diferente un vestido al solo cambiar de zapatos, cartera, collar o pañuelos.

Los accesorios le dan el toque personal a cualquier look, otras personas pueden tener tu misma blusa, pero es muy difícil que la combinen con el mismo collar o pañuelo. Los complementos son ideales para proyectar tu personalidad. Invertir en joyas y accesorios de calidad vale la pena.

8. No abuses de los colores oscuros

Aunque a mí me encantan los colores neutros porque me da mucha flexibilidad a la hora de vestirme y no me aburren, pues los combino con diferentes accesorios y lucen diferentes, procuro no vestirme toda de negro porque, aunque disimula, muchas veces echa años encima. Es innegable que el negro es el color favorito de la gente de la moda, pero después de los 50, puede endurecer las facciones. Descubre otros colores neutros y cálidos como el beige o gris plata, y disfruta de la magia de los colores llamativos como el rojo, el verde, el azul, el morado o fucsia, que iluminan la cara y nos hacen lucir más vitales, ya que desprenden luz y fuerza.

9. Fíjate en la calidad de las telas

Muchas veces lo que antes te quedaba bien ahora no te queda tanto. A los 20 cualquier trapito luce, pero después de los 50 debemos buscar telas con mayor consistencia que no se peguen mucho al cuerpo y que nos ayuden a disimular ciertas partes. Por eso a la hora de comprar ropa no te guíes por los precios, gasta en ropa que te haga sentir bella y revisa la calidad de las piezas. Hay ropa costosísima que no nos queda bien, y hay otras que no lo son tanto y nos quedan estupendas.

Como decía Coco Chanel: "A LOS 20 UNA PUEDE ANDAR DESNUDA. A LOS 30 PIENSA QUÉ PONERSE Y DESPUÉS DE LOS 50 ES IMPORTANTE SER SEDUCTORA PARA SIEMPRE". ENTONCES, LA SEDUCCIÓN PUEDE SER ETERNA...

EL CABELLO Y LAS CEJAS SON EL MARCO DE TU ROSTRO

Tu estilo de cabello, el color e incluso maquillaje pueden hacerte ver más joven y actual, y sobre todo te pueden hacer sentir muy feliz. Para mí, no hay nada como ir a una peluquería, cortarme y secarme el cabello, hacerme manicure y pedicure. Eso me hace sentir como nueva y me inyecta energía para seguir adelante. A esta edad el cabello toma más importancia que nunca debido a que los cambios hormonales pueden afectarlo mucho. Es posible que el cabello cambie de textura, grosor y color, o que se te caiga, muchas veces por problemas relacionados con la tiroides que comienzan a afectar a muchísimas mujeres a esta edad, por lo que es conveniente visitar a un endocrinólogo.

La clave es encontrar un buen estilista que no solo sepa hacer un buen corte, sino que tenga el conocimiento para poder ayudarte en estos tiempos de cambios. Actualmente existen muchísimos tratamientos en el mercado para mejorar el aspecto del cabello, los cuales es muy probable que tu peluquero te haya ofrecido anteriormente, pero tú, quizás por no aumentar tus gastos, no los has aceptado.

Déjame decirte que ahora más que nunca, nuestro pelo nos los está pidiendo a gritos. Gracias a Dios encontré justo a tiempo a una estilista que se preocupa no solo de que tenga un buen corte y color, también sabe que después de los 50 hay que ponerle más atención a la nutrición de nuestro cuero cabelludo, por lo que se ha dedicado a consentirlo con tratamientos de proteínas y aminoácidos que me han ayudado a recuperar la textura y la integridad del cabello. No saben cómo ha mejorado la salud de mi cabello, ahora se me ve más brillante y se me cae menos.

Lo primero que me explicó es que un cuero cabelludo sano es igual a un cabello saludable y me recomendó exfoliarlo una vez al mes, sobre todo antes de recibir los tratamientos para fortalecer y embellecer el cabello. También me explicó que nunca debemos usar el mismo químico para la raíz que para las puntas, ya que tienen necesidades diferentes.

Una parte necesita cubrir las canas y la otra, en la mayoría de los casos, lo que requiere es avivar su color, por lo que necesitas un químico más fuerte en la raíz que en las puntas. Para la raíz, ella usa un tinte permanente y para las puntas un semipermanente, eso hace que las puntas no sufran tanto.

Un buen corte no solo te hace lucir más bella, también te regala tiempo, ya que este debe ser fácil de secar y peinar. Un corte que te obligue a pasar horas de tu tiempo en arreglarlo no es un buen corte. El estilo lo decides tú, junto a tu estilista, quien te puede recomendar varios estilos acordes a tus facciones, tamaño, textura del cabello y estilo de vida. Elige uno que te haga sentir bien, si quieres tener el pelo largo, ¡pues tenlo! ¿Quién inventó eso que una mujer después de los 50 no puede llevarlo? Lleva el largo que quieras, pero procura que este se vea sano y abundante. Píntate el cabello del color que quieras o déjate tus canas. Cualquiera sea tu decisión está bien, si te gusta a ti, lo importante es lucir un pelo sano y fuerte.

Las cejas, por su parte, se han convertido en uno de los elementos más importantes del look de la mujer moderna. Tienen el poder de apagar o abrir la mirada, algo de suma importancia cuando empezamos a tener exceso de piel en los párpados que hacen que la mirada parezca triste y los ojos más pequeños y muchas veces caídos. Mis cejas, aunque tienen buena forma, son bastante claras y escasas, por lo que tengo años rellenando los espacios con un pincel, primero lo hacía con sombra, hoy en día hay miles de productos especializados. Te recomiendo visitar a un especialista si no estás contenta con ellas, un experto puede hacer maravillas: depilártelas, darles una forma adecuada y enseñarte a rellenar los espacios vacíos para que estas realcen tu belleza natural.

Nunca he sido amiga del maquillaje permanente, pero últimamente he visto maravillas en ese campo que me están haciendo pensar en la posibilidad de hacérmelo yo. Se trata del microblading, un novedoso tratamiento de belleza que permite tener unas cejas perfectas mediante la técnica del maquillaje semipermanente realizado pelo a pelo. Está recomendado para personas que por alguna razón quieren aumentar la densidad de sus cejas de la manera más natural posible. Por ejemplo, mujeres que, por la edad, problemas de salud, estrés o problemas hormonales hayan tenido pérdida de vello en las cejas, o que tengan las cejas despobladas y les gustaría hacerse una reconstrucción.

En el caso de personas que tienen poco volumen en las cejas, el microblading hace el relleno de la ceja entera aumentando así su volumen de manera bastante natural, nada que ver con la micropigmentación racional.

TU SONRISA
ES TU MEJOR ACCESORIO———————————

Con el tiempo los dientes se van poniendo amarillos y eso, lamentablemente, envejece nuestra sonrisa, o peor aún, muchas dejan de sonreír tanto como antes. Por fortuna, hoy en día hay tratamientos efectivos tanto para hacerlos en la casa como en el consultorio. Una bella sonrisa puede ayudar a sentirte más segura de ti misma. Es importante mantener la salud bucal. Usa el hilo dental todos los días y hazte limpiezas cada 6 o 12 meses. En esta época es importante cuidar las encías para prevenir la gingivitis que puede desembocar en la pérdida de piezas bucales.

¡PREGÚNTATE!

- ¿Sientes que tu vestuario refleja tu personalidad?

- ¿La ropa que usas es cómoda?

- ¿Usas a menudo zapatos que te generan dolor o heridas?

- ¿Eliges lo que te pones porque te hace sentir bien o porque piensas que es lo que les gusta a los demás?

- ¿Sientes que tu cabello resalta tu belleza o que la esconde?

CON CLU SIÓN

"VIVE UNA VIDA ATEMPORAL. SIN TIEMPO Y SIN EDAD"

ESTOY TRABAJANDO EN MI FELICIDAD COMO UN TRABAJO A TIEMPO COMPLETO.

— Gabrielle Bernstein

El mundo está cambiando, los conceptos de vida, juventud y belleza se están redefiniendo. 75 por ciento de cómo envejeceremos depende del estilo de vida que llevemos y no, de nuestros genes. Los sueños y las oportunidades son otras. Después de los 50, es cierto que no somos más jóvenes, pero somos más "nosotras", y eso nos hace más alineadas con nuestra verdadera esencia, lo que nos permite ser mucho más felices que en cualquier otra etapa.

El reto que tenemos de ahora en adelante, es vivir de manera atemporal, sin tiempo y sin edad, inventado una nueva relación con el tiempo, donde no tengamos temor de sumar años a nuestra vida porque somos conscientes de que somos las únicas diseñadoras de nuestro bienestar. Estamos convencidas que la edad es simplemente un número, tanto que cuando nos pregunten sobre ella, preferimos dejar que sean esas mismas personas las que decidan cuántos años tenemos, porque al fin y al cabo, la edad es la que cada quien cree tener, incluyendo al que nos pregunta y al que contesta.

Vivir sin edad implica cuidar a nuestra futura "yo" con amor sin anteponer las necesidades de los demás, para poder hacernos "mayor" con alegría y seguir disfrutando de los placeres de la vida, de manera autónoma, sintiéndonos bien físicamente. Es asumir nuestra responsabilidad sobre cada uno de nuestros actos y sus consecuencias, y hacer lo que creemos necesario para vivir de la manera que escojamos.

La meta es vivir sin tiempo, con optimismo y valentía, desafiando aquellas normas de lo que supuestamente una persona con cierta edad puede o no hacer o sentir, y no temer o hacer caso omiso a lo que piensen los demás. Conscientes de que los únicos límites están en nuestra mente y corazón, por lo que nos conectamos con nuestra esencia para vivir una vida auténtica con propósito. Siempre curiosas por las cosas del mundo y manteniendo frecuentes y estrechas relaciones con nuestra familia, amigos y comunidad. Vive una vida atemporal, sin tiempo y sin edad.

La vida puede ser vivida con plenitud y gozo después de los 50. No existen limitaciones de edad para crear y aportar lo que deseamos, siempre y cuando tomemos consciencia de que somos un todo: cuerpo, mente y alma, y decidamos honrar cada uno de estos 7 pilares para vivir en armonía este recorrido:

Conexión contigo misma
Conéctate con tu esencia para conocerte, aceptarte y amarte incondicionalmente. Conéctate con lo que deseas, con lo que necesitas, y con lo que te hace bien. En definitiva, conversa contigo misma para no olvidar quién eres. ¡Nada se siente mejor que ser tu propia mejor amiga! Nadie te entenderá ni te cuidará como podrás hacerlo tú misma.

Bienestar
Toma consciencia de tu cuerpo como vehículo para poder realizar tus sueños más profundos y proyectos más ambiciosos. Solamente cuando colocamos la salud y el cuidado personal como una prioridad, podremos ofrecerle al mundo lo mejor de nosotras.

Propósito

Explora tu espiritualidad y el mundo más allá de lo físico. Acalla tu mente e identifica tu propósito o misión para la segunda mitad de la vida, aquello que te hace levantarte con ilusión todas las mañanas para aportar al mundo lo mejor de ti. ¿Qué más estimulante que decidir cuál será tu próximo gran objetivo?

Autenticidad

Acepta que no te falta nada, declara que eres suficiente y que tienes todo para ser feliz. Reconoce tu belleza única e irrepetible, abrázala, y muéstrale al mundo tu individualidad.

Relaciones

Cultiva tus relaciones con el entorno buscando una verdadera y profunda conexión con tus seres más significativos. Reúnete periódicamente con la familia, los amigos, con gente que te aporta y que te hace sentir feliz. Celebra cada relación que tienes, estas son tus grandes maestros.

Acción y responsabilidad

Solo las acciones cambian nuestra vida: los pensamientos e ideas no son suficientes. Recuerda que solo leerlas no cambiará tu vida. Por cada cosa que inicies, asegúrate de planificar y hacer un seguimiento de todo lo que surja a partir de esa acción. Establece en tu rutina, un plan de acción con herramientas y hábitos de estilo de vida saludable que procuren vivir con plenitud y gozo la segunda mitad de tu vida.

Optimismo y esperanza

Mantente actualizada y vigente con las tendencias del momento. (política, tecnología, negocios, moda, salud). Si bien en el futuro no siempre será todo color de rosas, no tienes por qué pensar que las cosas saldrán mal. Mientras más optimista seas, más probable es que lleves las cosas por buen camino, y que la segunda mitad de tu vida sea aún mejor que la primera.

OLVÍDATE DE CUANTOS AÑOS TIENES. Y VIVE UNA VIDA ATEMPORAL. SIN TIEMPO Y SIN EDAD.

ÁMATE

CUÍDATE

HAZ LO QUE TE APASIONA

ESO QUE TE HACE SENTIR VITAL

QUE TE LLENA DE ENERGÍA

QUE HACE QUE TUS OJOS BRILLEN

Y TE VEAS RADIANTE

¡VIVE LA BUENA VIDA

DESPUÉS DE LOS 50!

YLEANA KETCHUM

COACH DE SALUD Y BIENESTAR

www.yleanaketchum.com

Referencias

Capítulo 1
Williamson, Marianne. Volver al Amor. Urano, 2012.
Moorjani, Anita. Morir para ser yo. Gaia Ediciones, Mostoles 2014.
Diccionario de la Real Academia Española
Agronin, Marc E. The End of Old Age: Living a longer, More Purposeful Life.
Da Capo Lifelong Books 2018
Northrup, Christiane. Las Diosas nunca Envejecen. Urano, Barcelona 2015.
Mulliterno, Elvira S. Mujer Empoderada: Nuevas claves para expresar el autentico poder de la feminidad. Loquenoexiste; Madrid 2012.

Capítulo 2
Hyman, Mark. Come Grasa y adelgaza. Penguin Random House Grupo Editorial, Miami 2016.
Rosenthal, Joshua. Integrative Nutrition Feed your Hunger for Health & Happiness. Greenleaf books, Austin 2014.
Hay, Louise. El Poder está dentro de ti. Hay House Inc., 1984.
Peirce Thompson, Susan. Libera tu Cerebro, Las 4 reglas de oro para romper tu adicción a la comida, alcanzar tu peso ideal y ser feliz. Grijalbo, 2018.

Capítulo 3
Creagan, Edward T. Mayo Clinic on Healthy Aging. Mayo Clinic 2013.
Huffinton, Arianna. La Revolución del Sueño. Plataforma Editorial, Barcelona 2016.
Panda, Satchuin, The Circadian Code: Lose Weight, Supercharge Your Energy, and Transform Your Health from Morning to Midnight, Rodale Books, 2018

Capítulo 4
Stamateas, Bernardo. Gente Toxica. Las personas que nos complican la vida y como evitar que sigan haciéndolo. Ediciones B, 2011.
Northrup, Christiane. Las Diosas nunca Envejecen. Urano, Barcelona 2015.

Capítulo 5
Corn, Laura. 101 Nights of Grrreat Sex. Park Avenue Publishers, 2005.
Northrup, Christiane. La Sabiduria de la Menopausia. Urano, Barcelona, España: 2010.
IIN Hormone Health Course 2018, material de apoyo.

Capítulo 6
Dyer, Wayne. El Poder de la Intención. Hay House Inc, 2005.
Northrup, Christiane. Las Diosas nunca Envejecen. Urano, Barcelona 2015.
Chopra, Deepak. Las 7 Leyes Espirituales del Éxito. Una guía para la realización de tus sueños. Amber-Allen Publishing, 1996.
Warren Rick, Una Vida con Propósito. Editorial Vida 2012.

Capítulo 7
Hannah Gufferman, Barbara. Lo Mejor de los 50. Estilo, sexo, salud, dinero y más para mujeres. Editorial Océano, Mexico 2010.
Hannah Gufferman, Barbara. Love Your Age. National Geographic Partners, Washington 2018.

BIBLIOGRAFIA

Agronin, Marc E. The End of Old Age: Living a longer, More Purposeful Life. Da Capo Lifelong Books 2018.

Bernstein, Gabrielle. El Universo te cubre las espaldas: Cómo transformar el miedo en fe. Ediciones El Grano de Mostaza. 2016.

Collins, Elise Marie. Super Ager: You Can Look Younger, Have More Energy, a Better memory, and Live a Long and Healthy Life. Mango Publishing, Coral Gables 2018.

Corn, Laura. 101 Nights of Grrreat Sex. Park Avenue Publishers, 2005.

Creagan, Edward T. Mayo Clinic on Healthy Aging. Mayo Clinic 2013.

Chopra, Deepak. Las 7 Leyes Espirituales del Exito. Una guía para la realización de tus sueños. Amber-Allen Publishing, 1996.

Dyer, Wayne. El Poder de la Intención. Hay House Inc, 2005.

Gottfried, Sara. YOUNGER, A breakthough Program to reset your Genes and Reverse Aging. Harper One, 2017.

Hannah Gufferman, Barbara. Lo Mejor de los 50. Estilo, sexo, salud, dinero y más para mujeres. Editorial Océano, Mexico 2010.

Hannah Gufferman, Barbara. Love Your Age. National Geographic Partners, Washington 2018.

Hay, Louise. El Poder esta dentro de ti. Hay House Inc., 1984.

Hyman, Mark. Come Grasa y adelgaza. Penguin Random House Grupo Editorial, Miami 20.

Huffinton, Arianna. La Revolución del Sueño. Plataforma Editorial, Barcelona 2016.

IIN Hormone Health Course 2018, material de apoyo del curso.
Ladish, Lorraine C. Tu Mejor Edad Para tener una vida extraordinaria. HarperCollinsEspañol, USA 2017.

Moorjani, Anita. Morir para ser yo. Gaia Ediciones, Mostoles 2014.

Mulliterno, Elvira S. Mujer Empoderada: Nuevas claves para expresar el autentico poder de la feminidad. Loquenoexiste; Madrid 2012.

Northrup, Christiane. Las Diosas nunca Envejecen. Urano, Barcelona 2015.

Northrup, Christiane. La Sabiduria de la Menopausia. Urano, Barcelona, España: 2010.

Panda, Satchuin, The Circadian Code: Lose Weight, Supercharge Your Energy, and Transform Your Health from Morning to Midnight, Rodale Books, 2018)

Peirce Thompson, Susan. Libera tu Cerebro, Las 4 reglas de oro para romper tu adicción a la comida, alcanzar tu peso ideal y ser feliz. Grijalbo, 2018.
Rosenthal, Joshua. Integrative Nutrition Feed your Hunger for Health & Happiness. Greenleaf books, Austin 2014.

Ruiz, Don Miguel. Los Cuatro Acuerdos. Amber-Allen Publishing, 1997.

Stamateas, Bernardo. Gente Toxica. Las personas que nos complican la vida y como evitar que sigan haciéndolo. Ediciones B, 2011.

Warren Rick, Una Vida con Proposito. Editorial Vida 2012.

Williamson, Marianne. Volver al Amor. Urano, 2012.

Made in the USA
Columbia, SC
06 July 2019